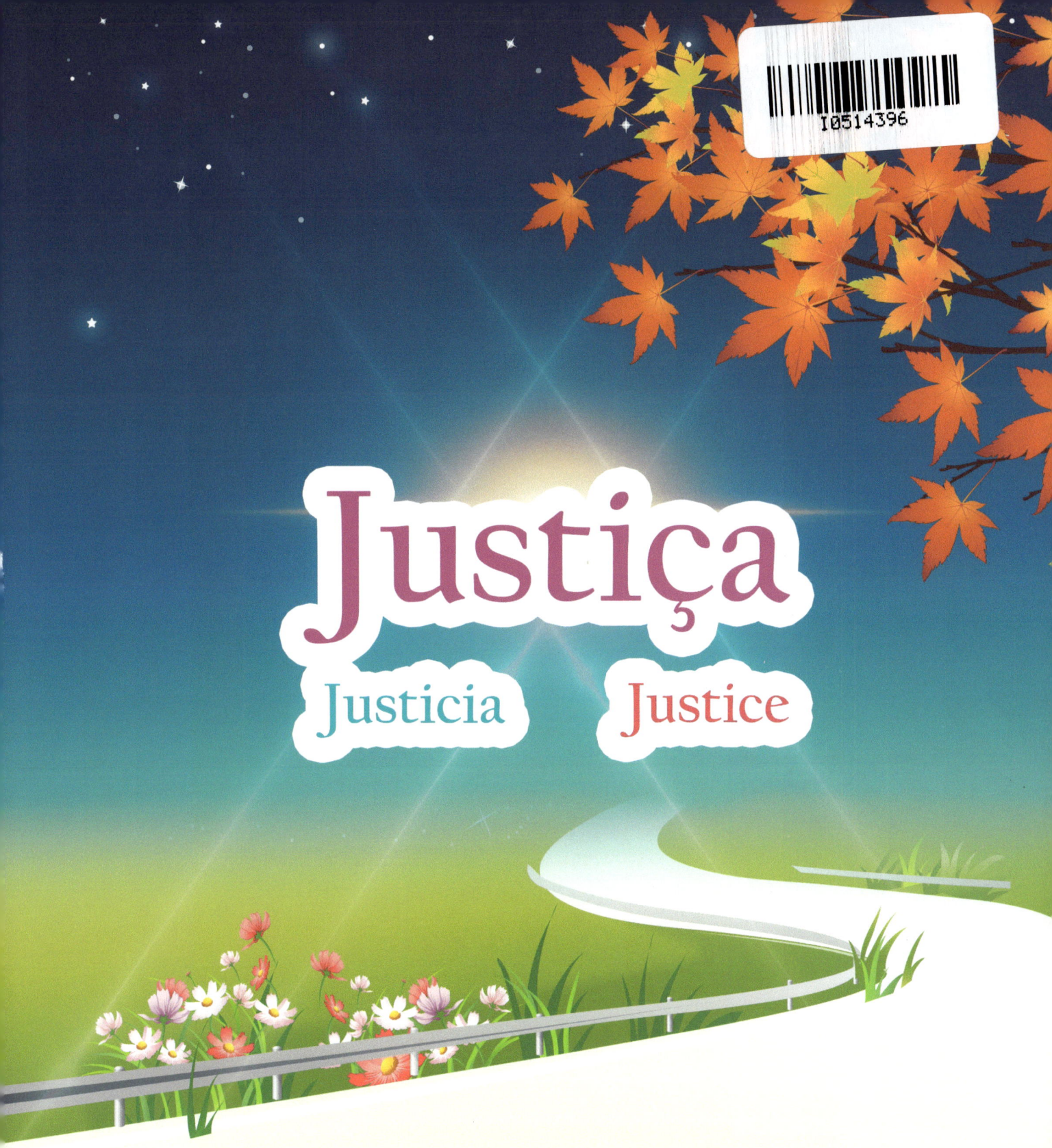

Em uma bela manhã de outono, Lupi resolveu acompanhar sua amiga Catarina até a escola.
A aula estava quase começando e, com pressa, a menina deixou a bicicleta sem o cadeado de segurança.
– Au... au... – disse Lupi, sem conseguir chamar a atenção da amiga, pois ela já estava longe.
Então, o cachorrinho decidiu cuidar da bicicleta até que a menina voltasse.

 En una hermosa mañana de otoño, Lupi decidió acompañar a su amiga Catalina al colegio.
Las clases estaban a punto de comenzar y, por la prisa, la niña dejó su bicicleta sin la cadena con seguro.
–Guau... Guau ... –dijo Lupi, incapaz de llamar la atención de su amiga, pues ella ya estaba muy lejos.
Entonces, el perrito decidió quedarse cuidando la bicicleta hasta que Catalina regrese.

 On a beautiful autumn morning, Lupi decided to accompany his friend Catherine to school.
Her class was about to start, so she left in a hurry, forgetting to lock her bike.
"Woof, woof!" barked Lupi, unable to get her friend's attention, as she was already far away.
So, the little dog decided to watch over the bike until the girl returned.

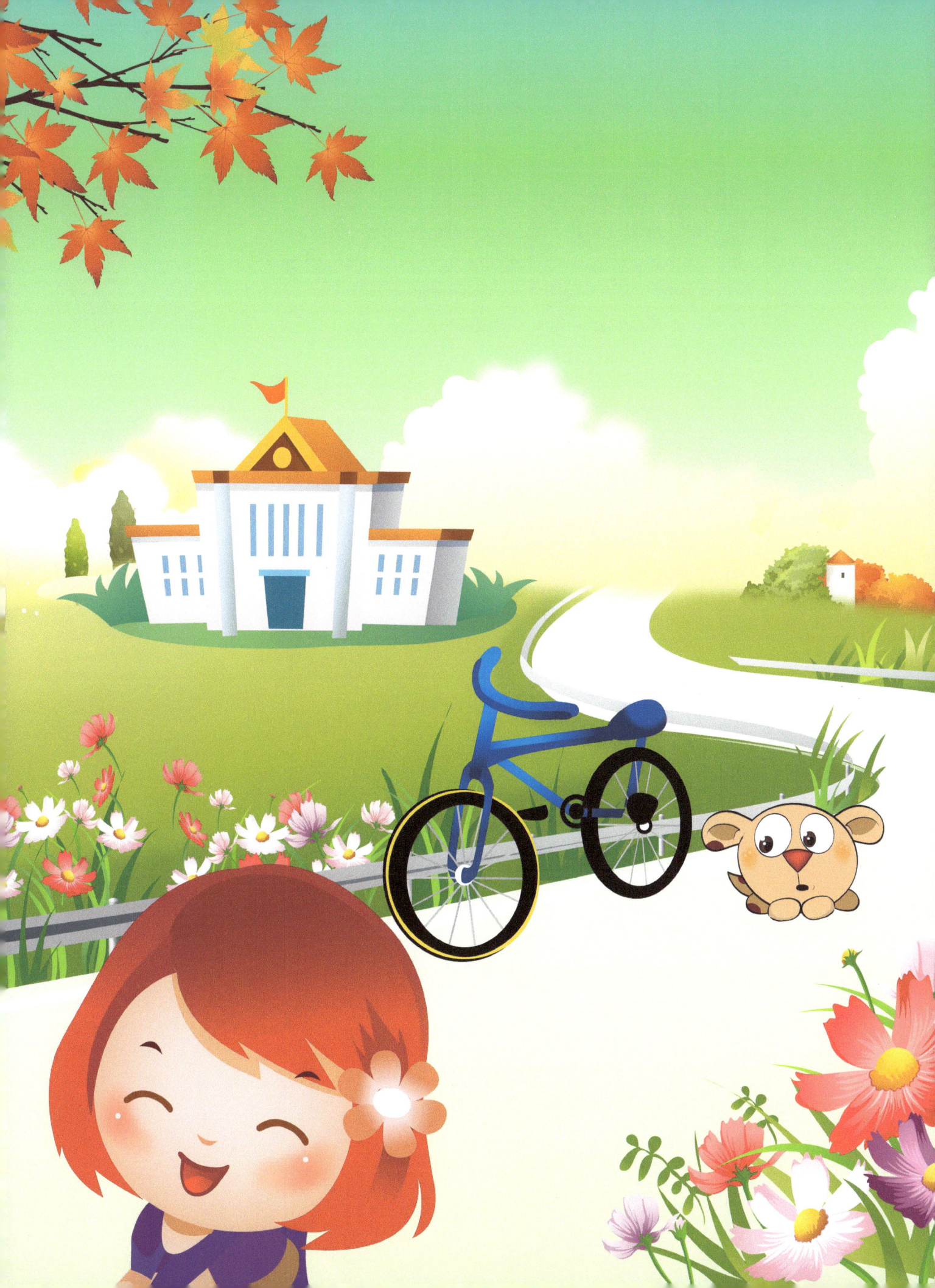

No intervalo do recreio, Catarina retornou aflita, pois lembrou que tinha deixado a bicicleta sem cadeado. No entanto, ao ver que Lupi estava ali, tomando conta da bicicleta, disse contente:
– Obrigada, Lupi, você é um bom amigo!
Pensando em como devolver o favor, Catarina ofereceu seu lanchinho em uma cestinha:
– Estas duas maçãs são para você.
Lupi ficou contente com o presente, pois adorava comer deliciosas maçãs como aquelas.

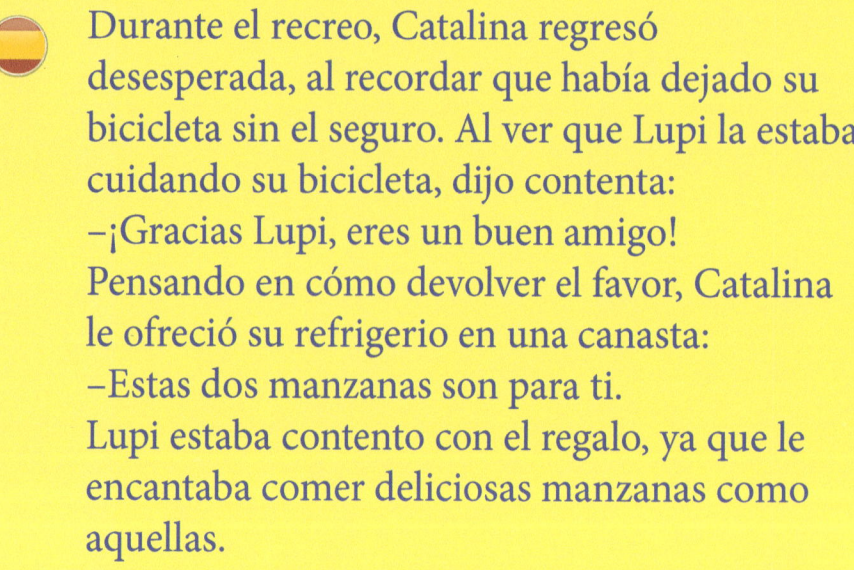 Durante el recreo, Catalina regresó desesperada, al recordar que había dejado su bicicleta sin el seguro. Al ver que Lupi la estaba cuidando su bicicleta, dijo contenta:
–¡Gracias Lupi, eres un buen amigo!
Pensando en cómo devolver el favor, Catalina le ofreció su refrigerio en una canasta:
–Estas dos manzanas son para ti.
Lupi estaba contento con el regalo, ya que le encantaba comer deliciosas manzanas como aquellas.

 During recess, Catherine returned in distress as she remembered that she had left her bike unlocked. However, when she saw that Lupi was there taking care of the bike she said, happily, "Thank you, Lupi, you are a very good friend!"
Thinking about how to return the favor, Catherine decided to give him her snack basket. "These two apples are for you."
Lupi was happy with the offer, as he loved to eat delicious apples.

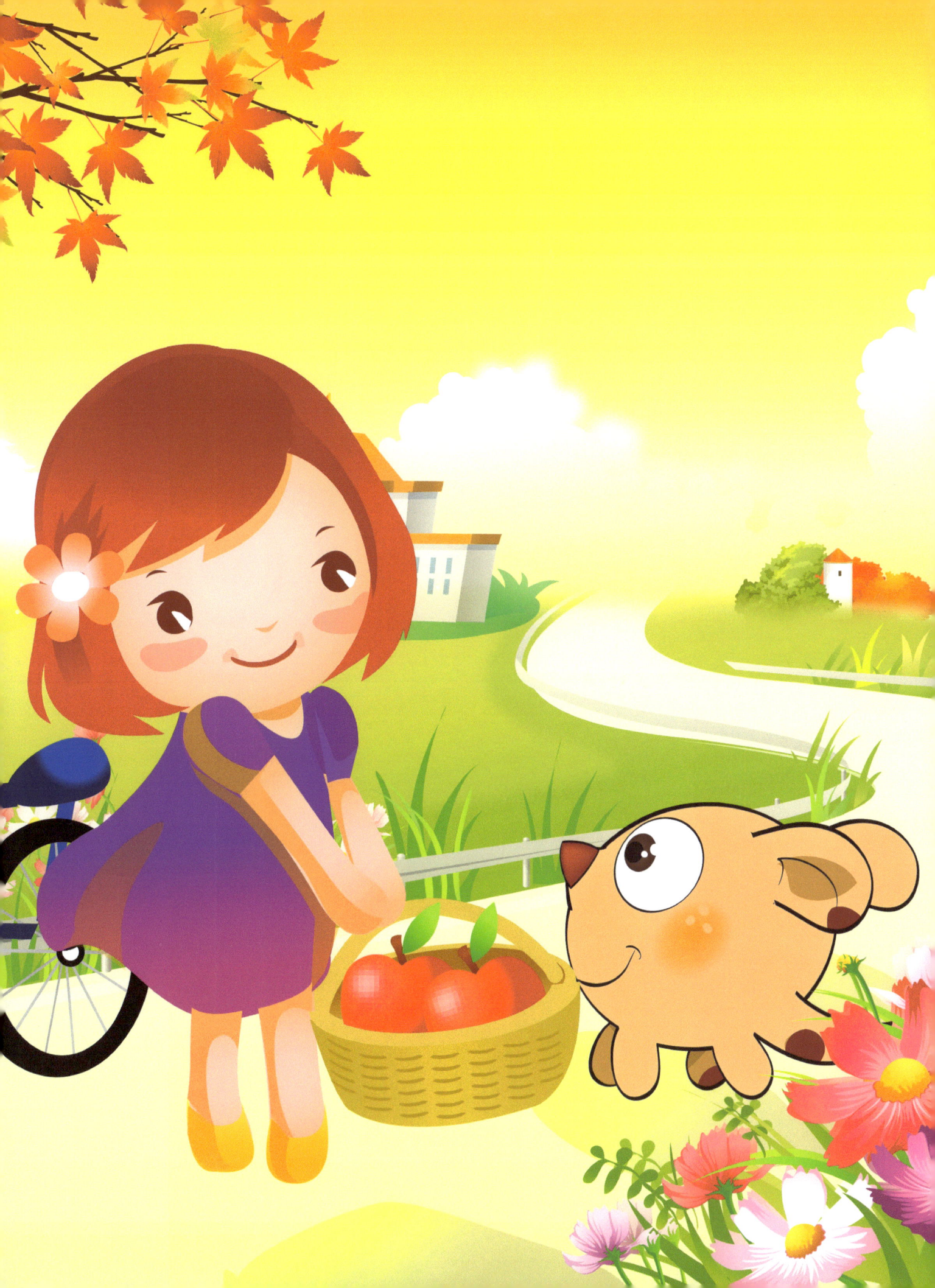

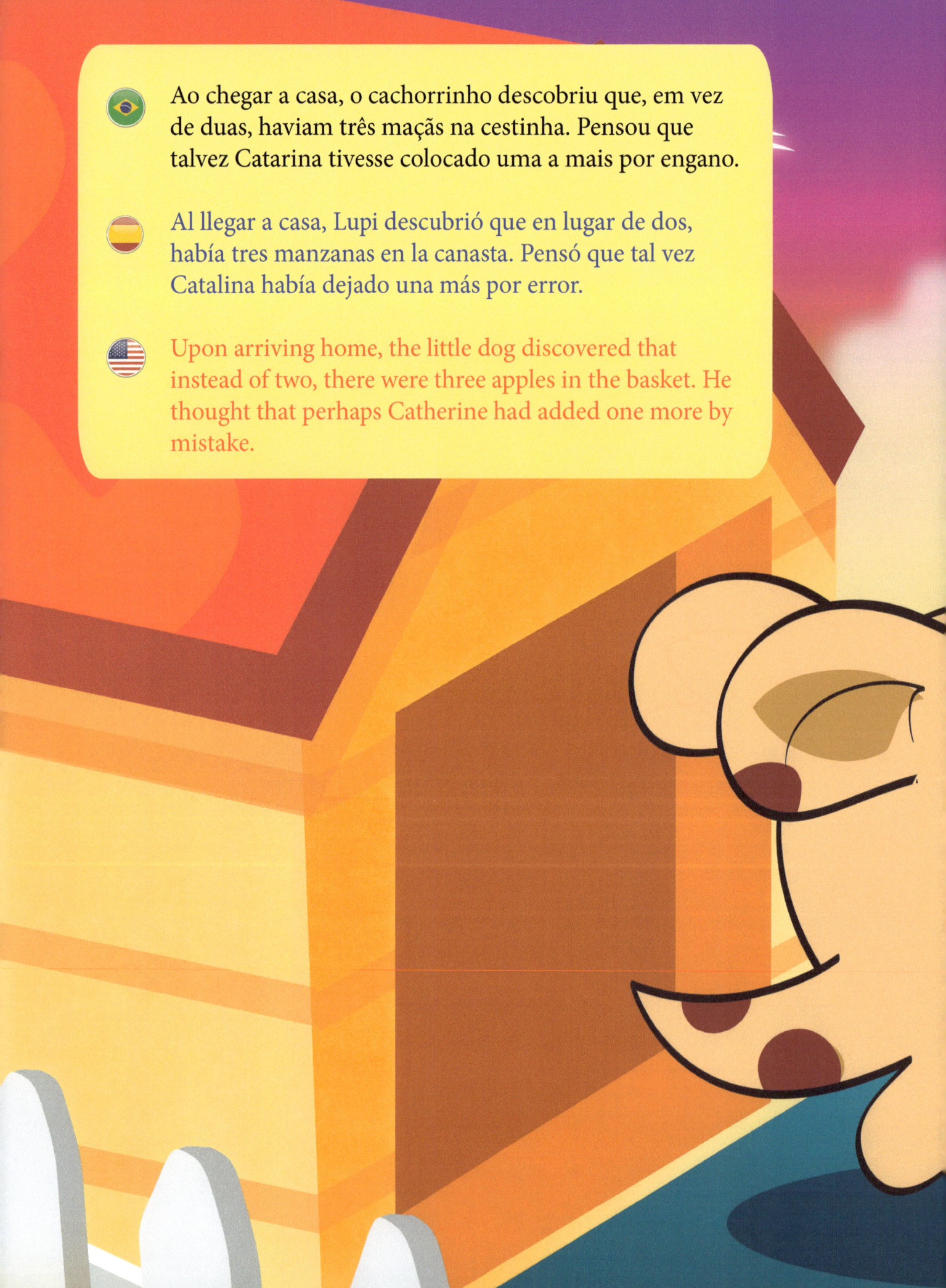

🇧🇷 Ao chegar a casa, o cachorrinho descobriu que, em vez de duas, haviam três maçãs na cestinha. Pensou que talvez Catarina tivesse colocado uma a mais por engano.

🇪🇸 Al llegar a casa, Lupi descubrió que en lugar de dos, había tres manzanas en la canasta. Pensó que tal vez Catalina había dejado una más por error.

🇺🇸 Upon arriving home, the little dog discovered that instead of two, there were three apples in the basket. He thought that perhaps Catherine had added one more by mistake.

🇧🇷 Lupi comeu as duas maçãs e pensou sobre o que fazer com a outra: "E agora? Posso comer a outra maçã? Ou seria melhor devolvê-la?"

🇪🇸 Lupi comió las dos manzanas y pensó qué hacer con la otra: "¿Y ahora? ¿Puedo comer la otra manzana? ¿O sería mejor devolverla?"

🇺🇸 Lupi ate both apples and thought about what to do with the third. "Now what? Should I eat the other apple? Or should I return it?"

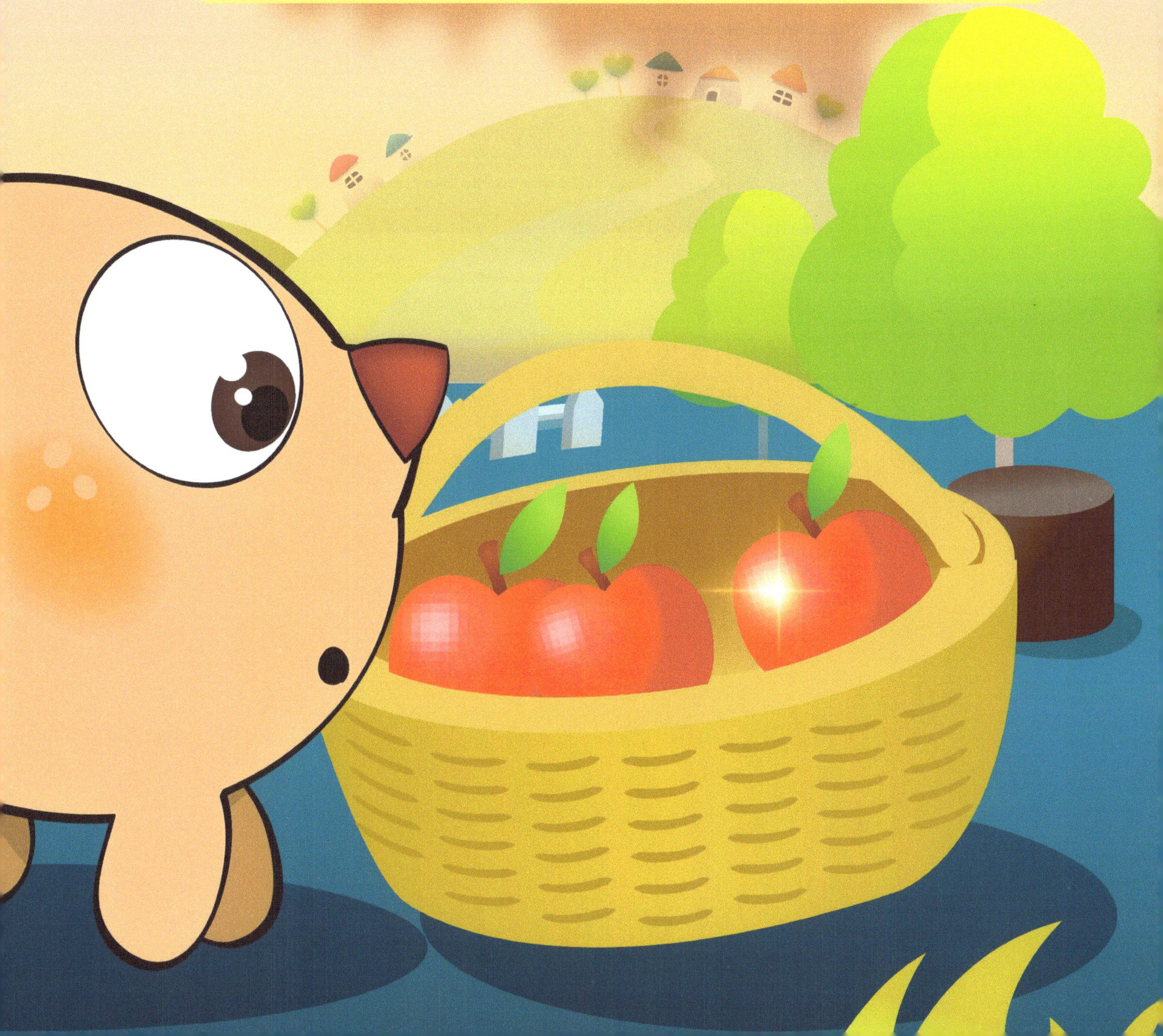

Nessa noite, Lupi não conseguiu dormir. O cachorrinho só pensava naquela terceira maçã restante na cestinha. "Devo ou não devo comê-la? Catarina talvez nem sinta falta dessa maçã", pensou. "E se sentir, nunca descobrirá que a deu para mim por engano. Por outro lado, se a devolver, não sei quando voltarei a comer uma maçã tão deliciosa."
– O que faço? – perguntou-se Lupi, sem conseguir dormir direito.
Foi então que ouviu uma voz forte dizer:
– Abra os olhos, Lupi! Precisamos conversar!

 Esa noche, Lupi no pudo dormir. El perrito solo pensaba en aquella tercera manzana que restó en la canasta.
"¿Debo o no debo comerla? Talvez Catalina ni sienta falta de esa manzana", pensó "Y si siente, nunca sabrá que ella me la dió por error. Por otro lado, si la devuelvo, no sé cuándo volveré a comer una manzana tan deliciosa."
–¿Qué hago? –se preguntó Lupi, sin poder dormir bien.
Fue entonces que escuchó una voz fuerte decir:
–¡Abre los ojos, Lupi! ¡Necesitamos conversar!

 That night, Lupi was unable to sleep. The little dog could only think about the third apple left in the basket. "Should I eat or not? Catherine might not even miss that apple," he thought. "And if she does, she would never find out that she gave me an extra one by mistake. On the other hand, if I return it, I don't know when I'll have the chance to eat such a delicious apple again."
"What should I do?" asked Lupi, unable to sleep properly.
It was then that he heard a strong voice saying, "Open your eyes, Lupi! We need to talk!"

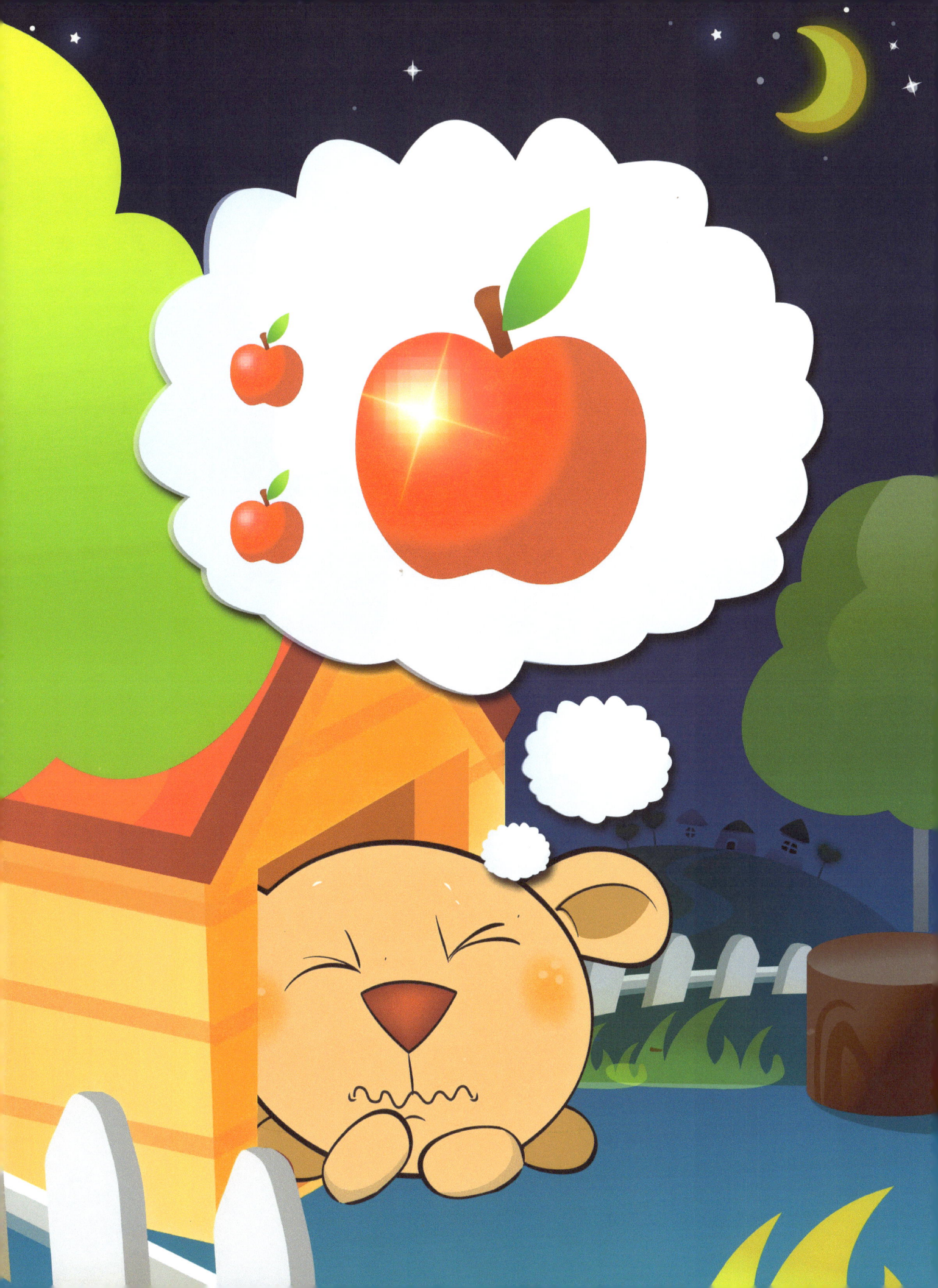

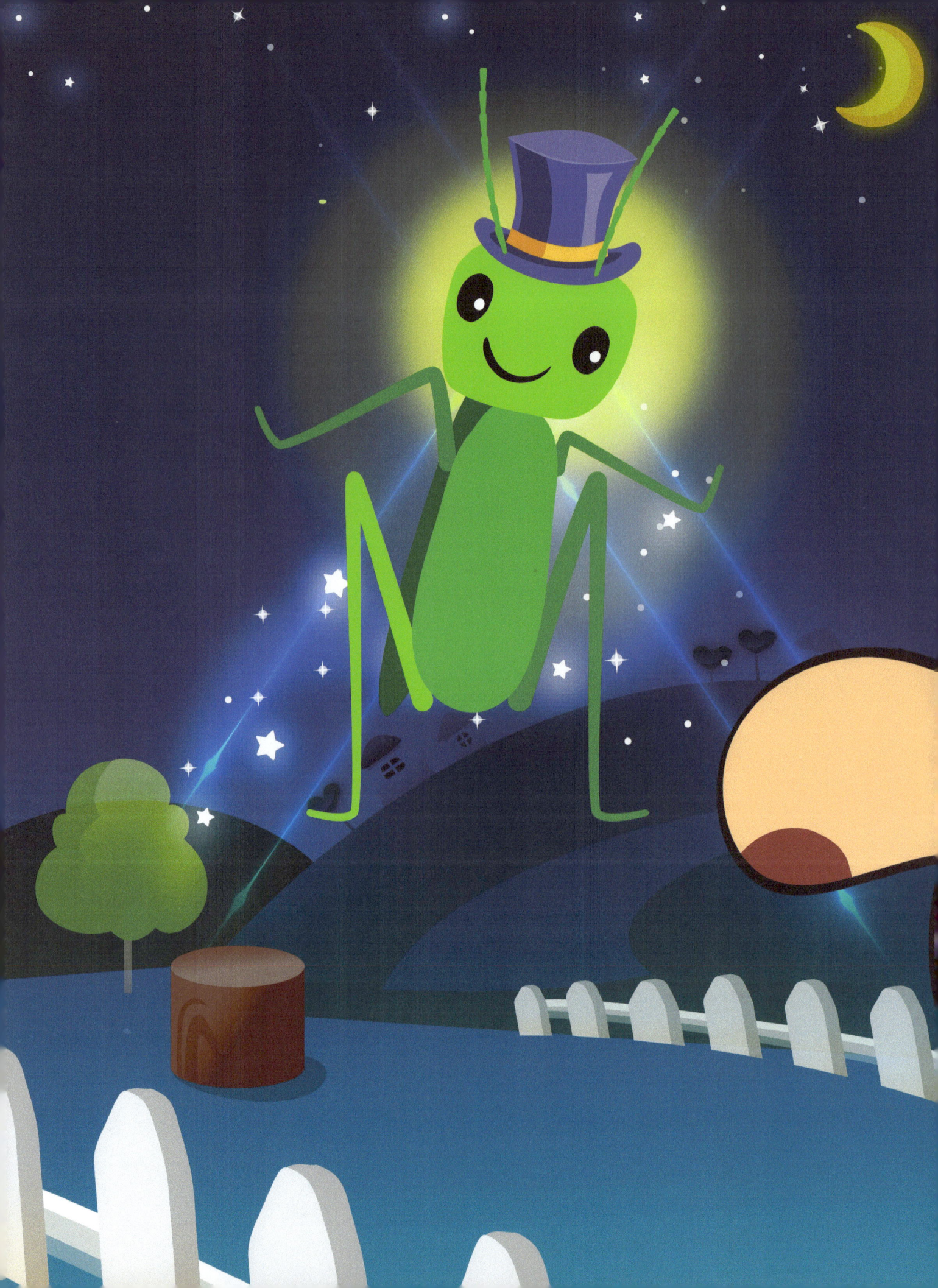

🇧🇷 Um simpático grilo de chapéu elegante surgiu.
– Ei! Quem é você? – perguntou Lupi.
– Meu nome é Agrilinho. Sou um amigo que veio te ajudar.
– Ajudar? – perguntou Lupi.

🇪🇸 Un simpático grillo surgió con un elegante sombrero.
–¡Oye! ¿Quién eres? –preguntó Lupi.
–Me llamo Agrillín. Soy un amigo que vino a ayudarte.
–¿Ayudar? –preguntó Lupi.

🇺🇸 A nice cricket wearing an elegant hat appeared.
"Hey! Who are you?" asked Lupi.
"My name is Mr. Cricket, at your service!"
"You came here to help me?" asked Lupi.

🇧🇷 – Sim. Vi o que aconteceu e sei por que você não está conseguindo dormir – disse Agrilinho. – Seu coração não está em paz, não é mesmo?

🇪🇸 –Sí. Vi lo que pasó y sé por qué no puedes dormir –dijo Agrillín.– Tu corazón no está en paz, ¿verdad?

🇺🇸 "Yes. I saw what happened and I know why you can't sleep," said Mr. Cricket. "Your heart is not at peace, isn't that so?"

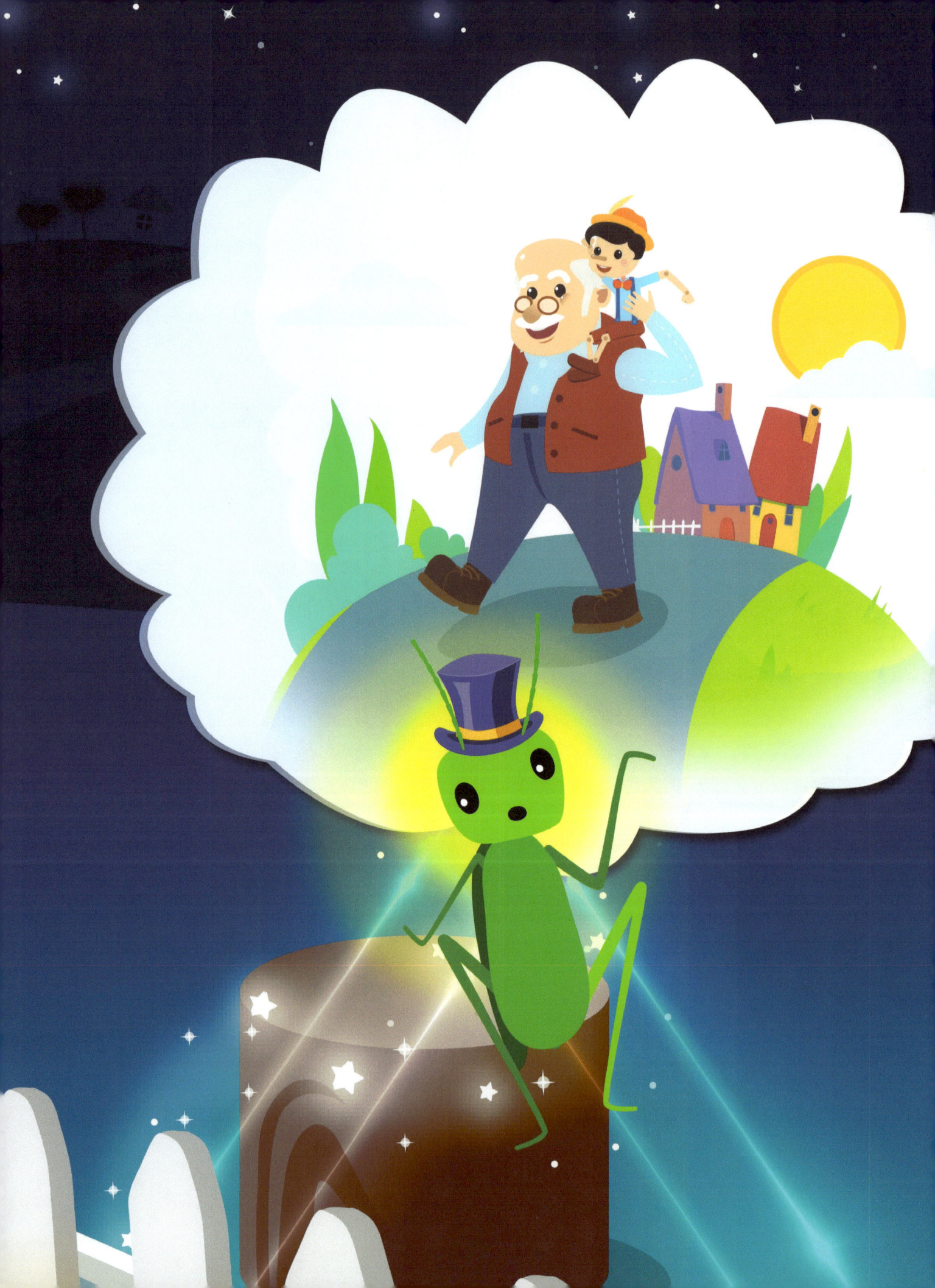

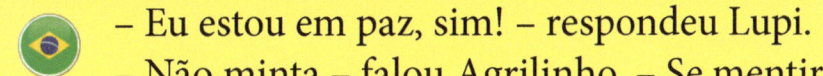 – Eu estou em paz, sim! – respondeu Lupi.
– Não minta – falou Agrilinho. – Se mentir, seu focinho pode crescer, como o do menino Pinóquio. Mas essa é outra história...

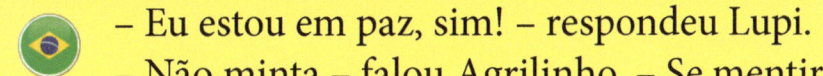 –Yo si estoy en paz! –respondió Lupi.
"No mientas", dijo Agrillín. –Si mientes, tu hocico, puede crecer como la del niño Pinocho. Pero ese es otro cuento.

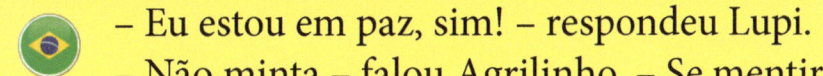 "I'm at peace, really!" replied Lupi.
"Don't lie," said Mr. Cricket. "If you lie, your nose can grow like Pinocchio's. But that's another story..."

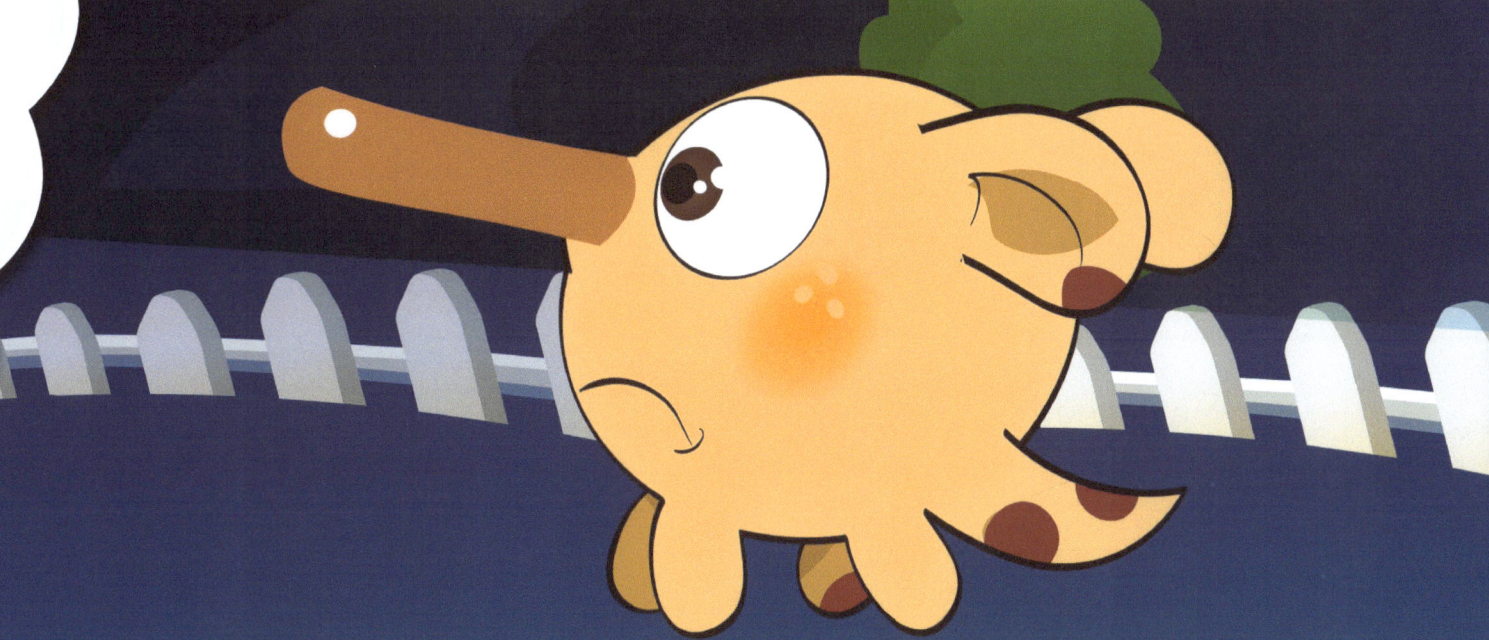

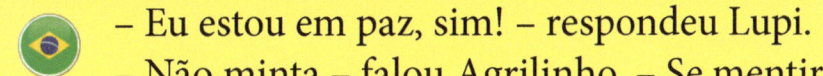 – Como pode me ajudar? – quis saber Lupi.
– Você está em dúvida sobre o que deve fazer – afirmou o grilo.

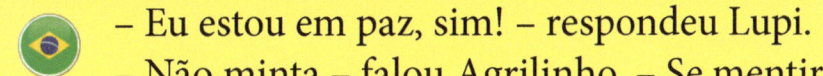 –¿Cómo puedes ayudarme? –quiso saber Lupi.
–Tienes dudas para saber qué es lo que debes hacer –dijo el grillo.

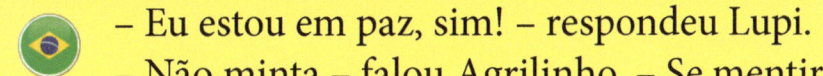 "How can you help me?" asked Lupi.
"You are in doubt about what to do," said the cricket.

Agrilinho explicou melhor por que Lupi não conseguia dormir em paz:
– Você quer fazer algo, mas seu coração lhe diz que não está correto e que deve fazer outra coisa.
– É verdade, estou em dúvida – confirmou Lupi.
– Isso está acontecendo porque você não se conhece – explicou Agrilinho. – Se você se conhecesse, não teria dúvidas e estaria feliz.
– E como posso me conhecer? – perguntou Lupi.
– Seguindo estes três passos, você será feliz! – explicou o grilo. – Preste atenção!

 Agrillín explicó por qué Lupi no podía dormir en paz:
–Tú quieres hacer algo, pero tu corazón te dice que no es correcto y que debes hacer otra cosa.
"Es verdad, tengo dudas", confirmó Lupi.
"Eso está pasando porque no te conoces", explicó Agrillín. –Si te conocieras, no tendrías dudas y estarías feliz.
–¿Y cómo puedo conocerme? –preguntó Lupi.
–Siguiendo estos tres pasos, ¡serás feliz! –explicó el grillo.– ¡Presta atención!

 Mr. Cricket went on to explain why Lupi was unable to sleep peacefully.
"You want to do something, but your heart tells you that it is not right and that you must do something else."
"It's true, I'm so torn," confirmed Lupi.
"This is happening because you don't know yourself," explained Mr. Cricket. "If you knew yourself, you would have no doubts and would be happy."
"And how can I know myself?" asked Lupi.
"If you follow these three steps, you will be happy!" explained the cricket. "Pay attention!"

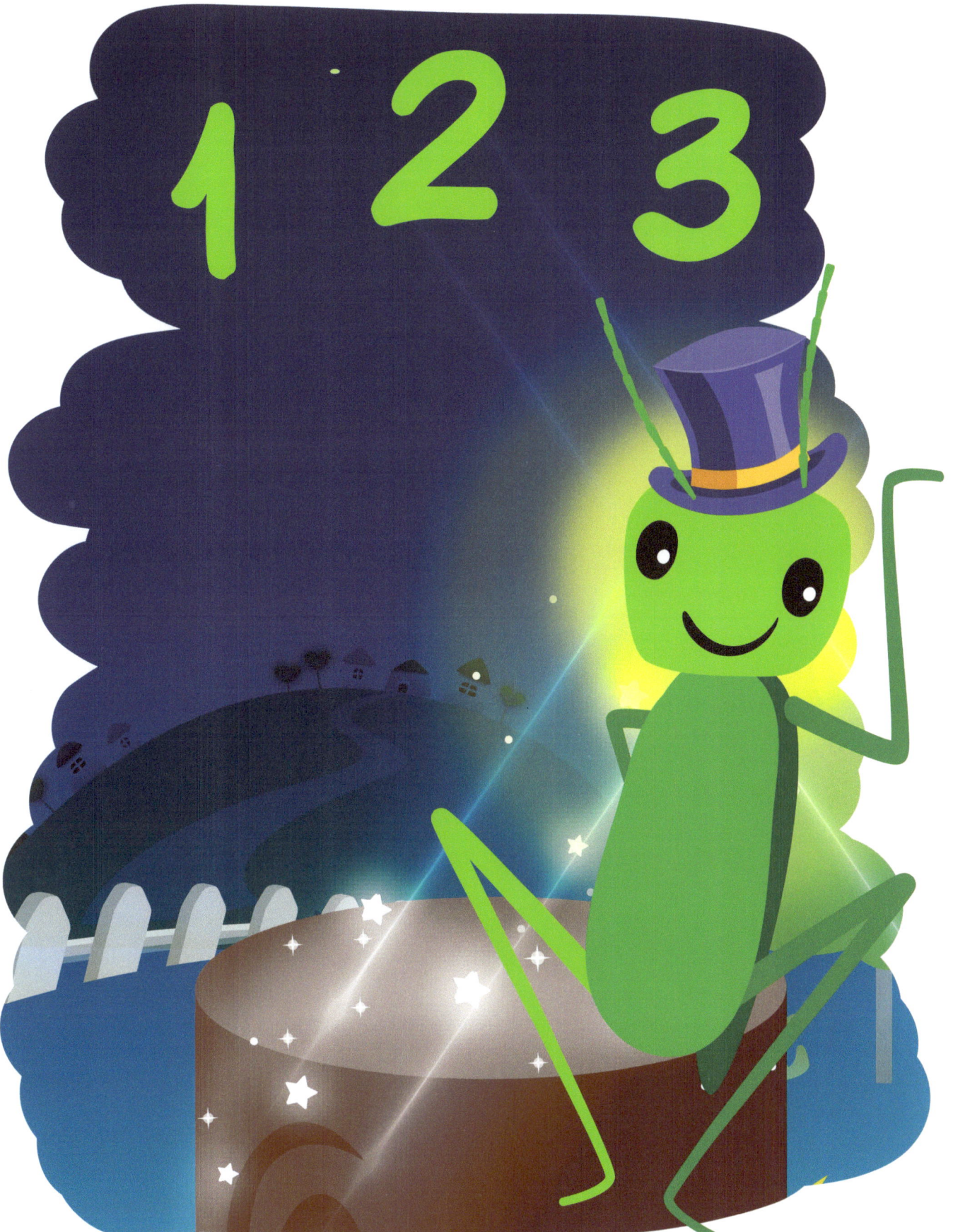

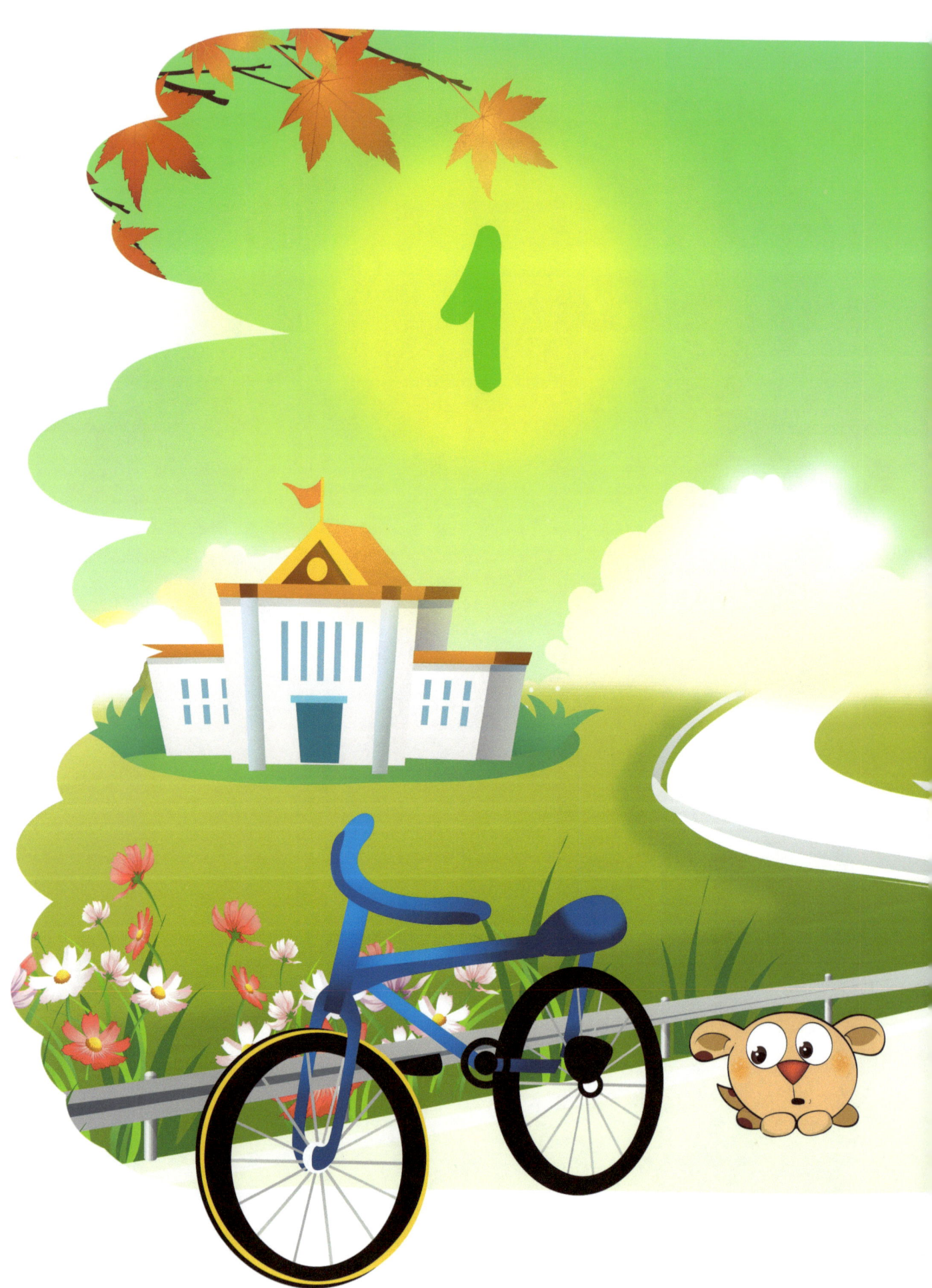

– Primeiro: lembre-se das coisas boas que você fez hoje e me conte qual foi a melhor.
– Hum... Deixe-me pensar... – falou Lupi. – Já sei!!! A melhor coisa que fiz hoje foi cuidar da bicicleta de minha amiga.

 –Primero: recuerda las cosas buenas que hiciste hoy y dime cuál fue la mejor.
–Hum ... Déjame pensar ... –dijo Lupi. –¡¡¡Ya sé!!! Lo mejor cosa que hice hoy fue cuidar la bicicleta de mi amiga.

 "First: remember the good things you did today and tell me which one was the best."
"Mmm... Let me think..." said Lupi. "I know!!! The best thing I did today was taking care of my friend's bike."

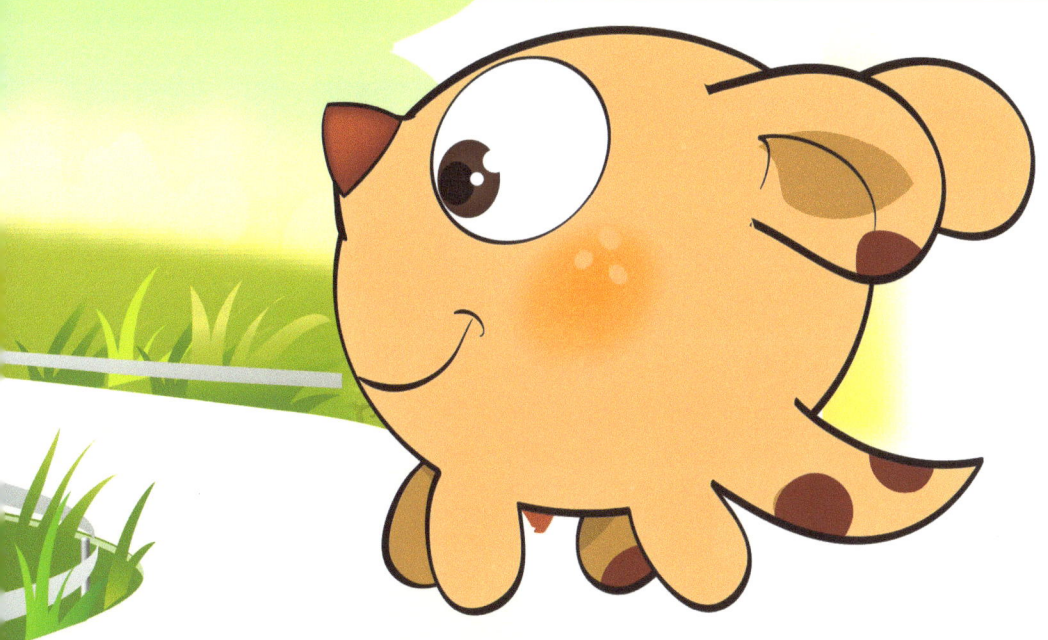

 – Muito bem! Agora vamos ao segundo passo.

 –¡Muy bien! Ahora vamos al segundo paso.

 "Very good! Now let's go to the second step."

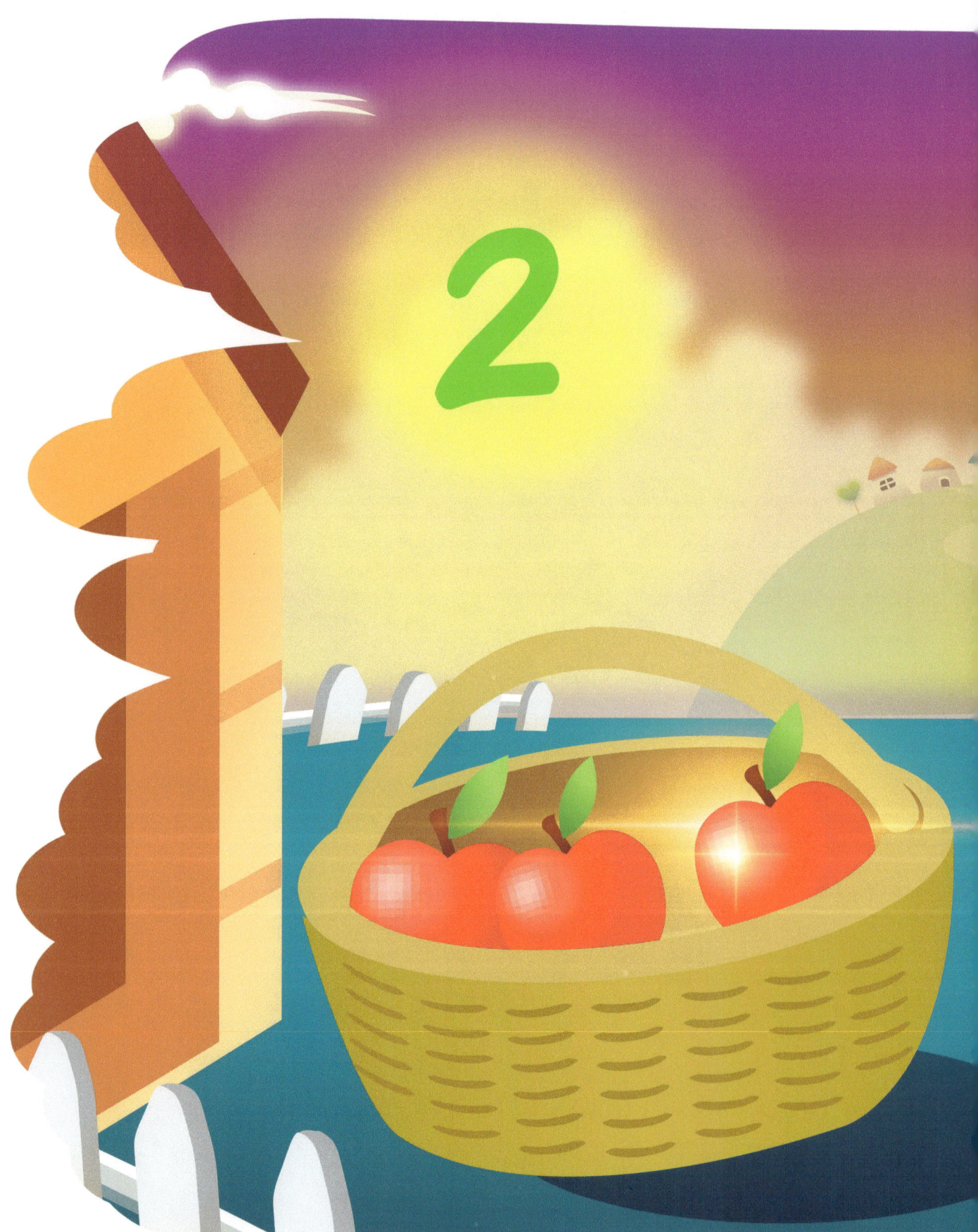

– Segundo: lembre-se do que você fez de errado hoje.
Lupi pensou e disse:
– Quando descobri que Catarina me deu uma maçã a mais, não devolvi imediatamente.

 –Segundo, recuerda lo malo que hiciste hoy.
Lupi pensó y dijo:
– Cuando descubrí que Catalina me dio una manzana de más, no la devolví de inmediato.

 "Next: remember what you did wrong today."
Lupi thought and said:
"When I found out that Catherine gave me an extra apple, I didn't return it immediately."

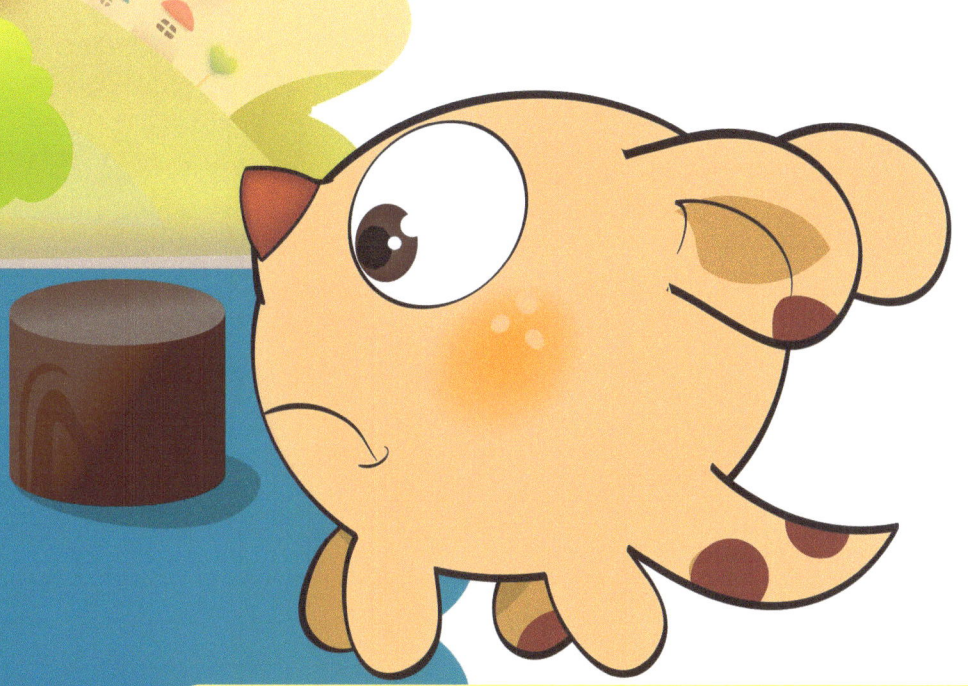

 – Mas talvez ela nem precise dessa maçã – falou Lupi.
– Não interessa! – falou o grilo. – O que é certo, é certo.

 –Pero tal vez ella no necesite esa manzana –dijo Lupi.
–¡No interesa! –dijo el grillo.– Lo correcto es lo correcto.

 "But maybe she doesn't even want that apple," said Lupi.
"It doesn't matter!" said the cricket. "What is right, is right."

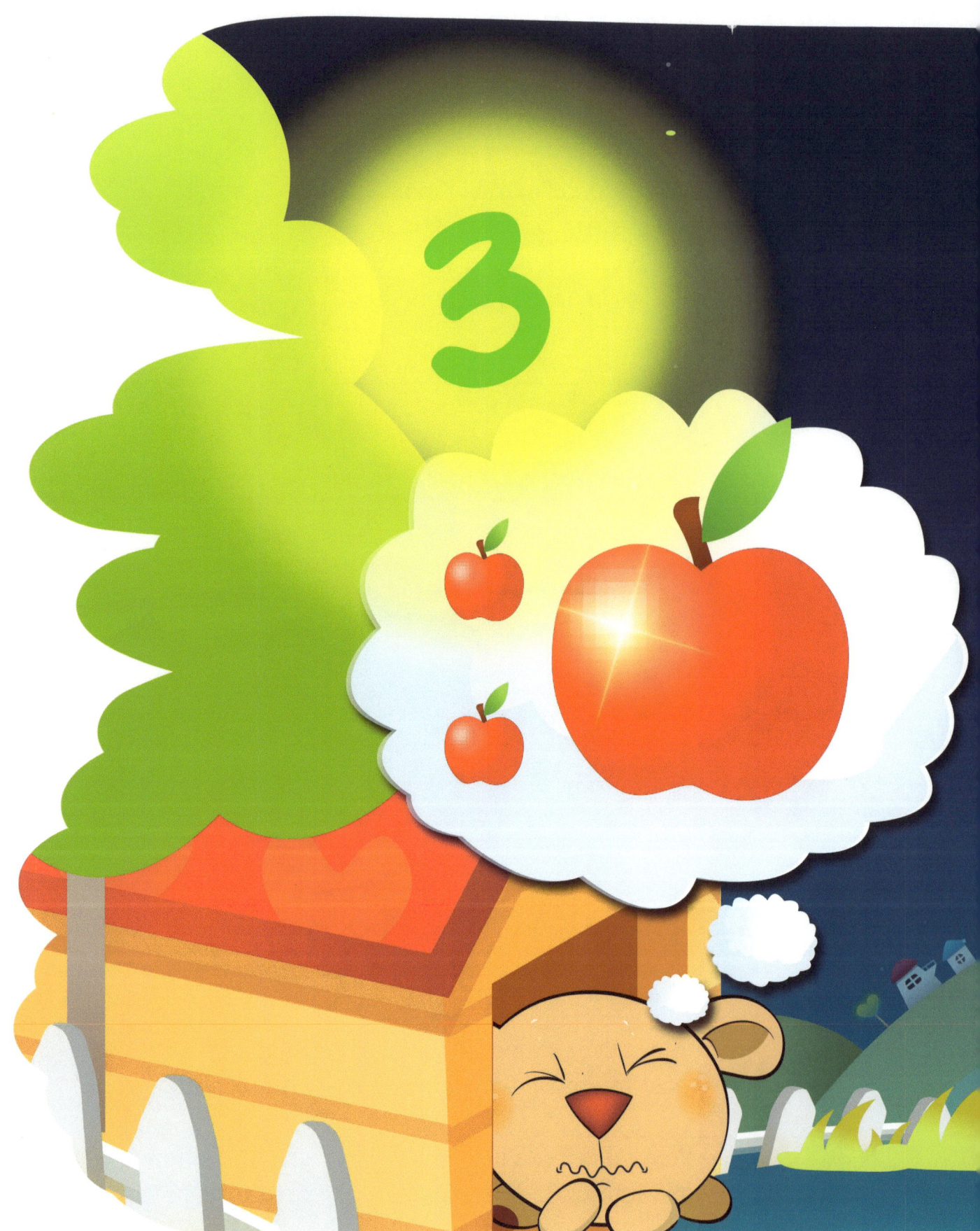

– Terceiro: se outro fizesse o que você fez de errado, o que você pensaria? – perguntou Agrilinho.
– Eu pensaria que é preciso devolver aquilo que não é seu – respondeu Lupi.

 –Tercero: si otro hiciera lo que hiciste mal, ¿qué pensarías? – preguntó Agrillín.
– Que tiene que devolver lo que no es suyo – respondió Lupi.

 "Finally: if someone else did what you did, what would you think?" asked Mr. Cricket.
"I think that it would be right for them to return what isn't theirs," replied Lupi.

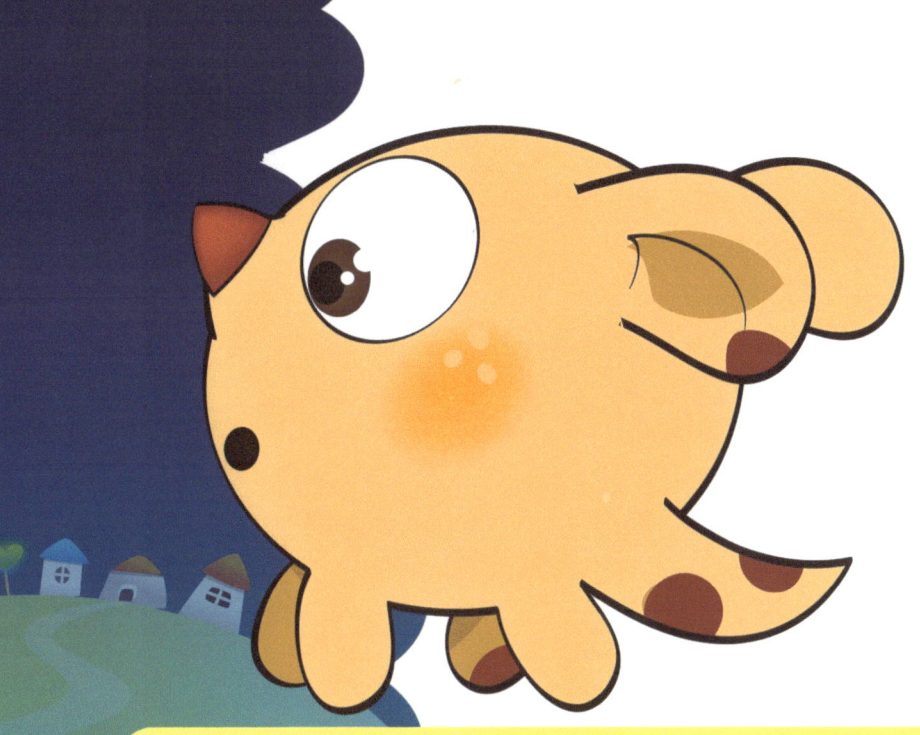

 – Bem... Assim como vemos o erro dos outros, devemos ver os nossos também – falou o grilo.

 –Bueno... Así como vemos lo que está mal en los demás, debemos ver nuestros errores también –dijo el grillo.

 "Good… Just as we see others' mistakes, we must see ours too," said the cricket.

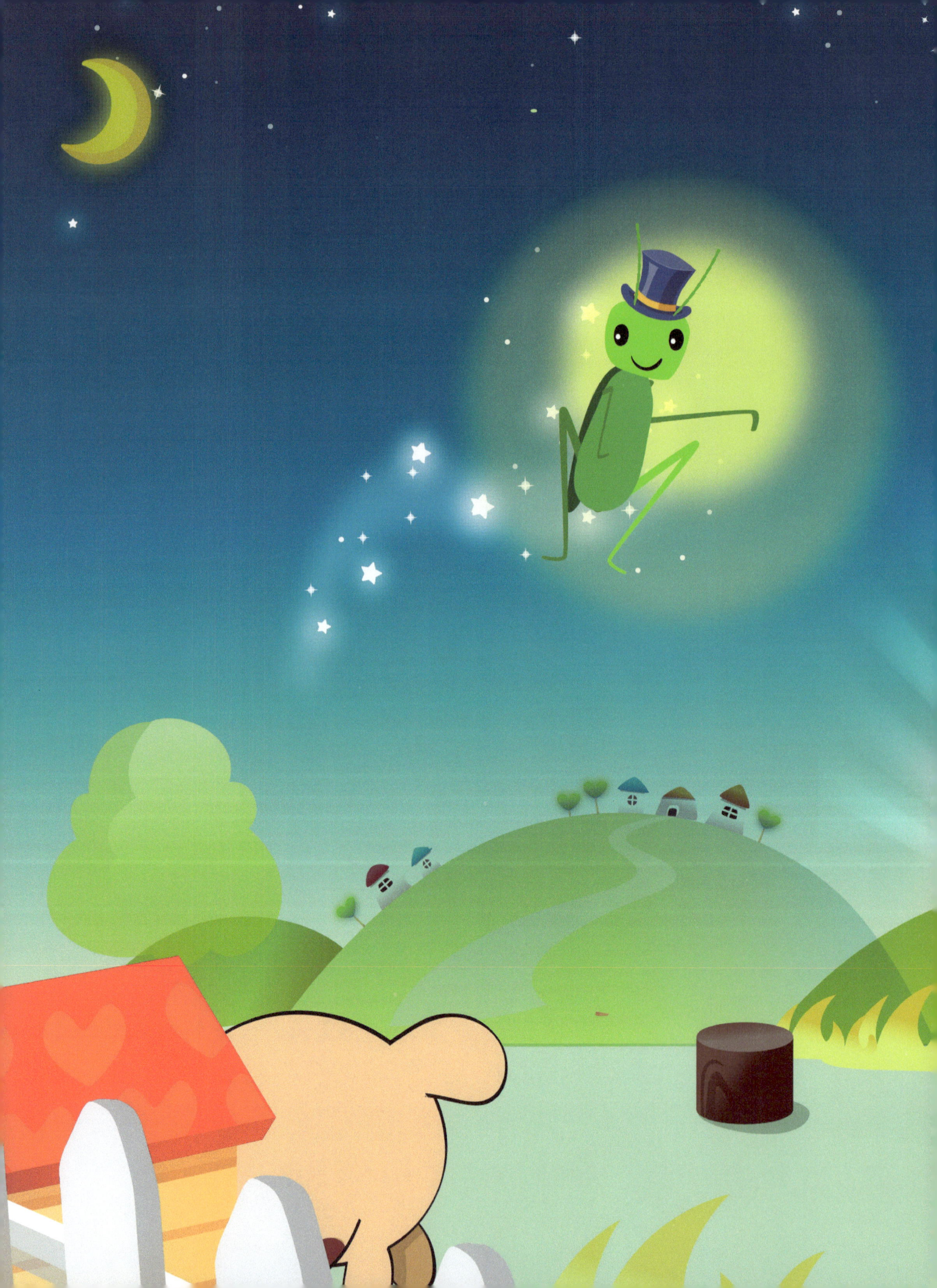

🇧🇷 – Amanhã, assim que o sol nascer, escute a voz do seu coração, Lupi – aconselhou Agrilinho. – Volte para a escola, encontre a menina e faça o que é justo, o que é correto.

🇪🇸 –Mañana, tan pronto como salga el sol, escucha la voz de tu corazón, Lupi –aconsejó Agrillín.– Vuelve al colegio, encuentra a tu amiga, haz lo que es justo y correcto.

🇺🇸 "Tomorrow, as soon as the sun rises, listen to your heart, Lupi," advised Mr. Cricket. "Go back to school, find that girl, and do what is right."

🇧🇷 Após dizer essas palavras, o pequeno grilo desapareceu, deixando Lupi com novos pensamentos.

🇪🇸 Después de decir esas palabras, el pequeño grillo desapareció, dejando a Lupi con nuevos pensamientos.

🇺🇸 After saying those words, the little cricket disappeared, leaving Lupi with much to think about.

No dia seguinte, Lupi foi até a escola com a cestinha e devolveu a maçã para Catarina.
A menina ficou muito contente, pois aquela fruta seria seu lanche do dia. Em gratidão, decidiu dividir a maçã com o amigo cachorrinho.
– Obrigada, Lupi! – disse Catarina. – Agora não passarei fome.
Lupi ficou feliz com o que tinha feito. Deu muitos pulos de alegria, agora, com o coração em paz.

 Al día siguiente, Lupi fue al colegio con la canasta y devolvió la manzana a Catalina.
La niña estaba muy contenta, porque esa fruta sería su merienda del día. En agradecimiento, decidió compartir la manzana con su amigo perrito.
–¡Gracias, Lupi! –dijo Catalina. –Ahora no pasaré hambre.
Lupi se quedó feliz con lo que hizo. Dio muchos saltos de alegría y, ahora con el corazón en paz.

 The next day, Lupi went to school with the basket and returned the extra apple to Catherine.
She was very happy, because that fruit would be her snack for the day. With gratitude, she decided to share the apple with Lupi.
"Thank you, Lupi!" said Catherine. "Now I won't go hungry."
Lupi was happy with what he had done. He jumped for joy many times, with his heart at peace.

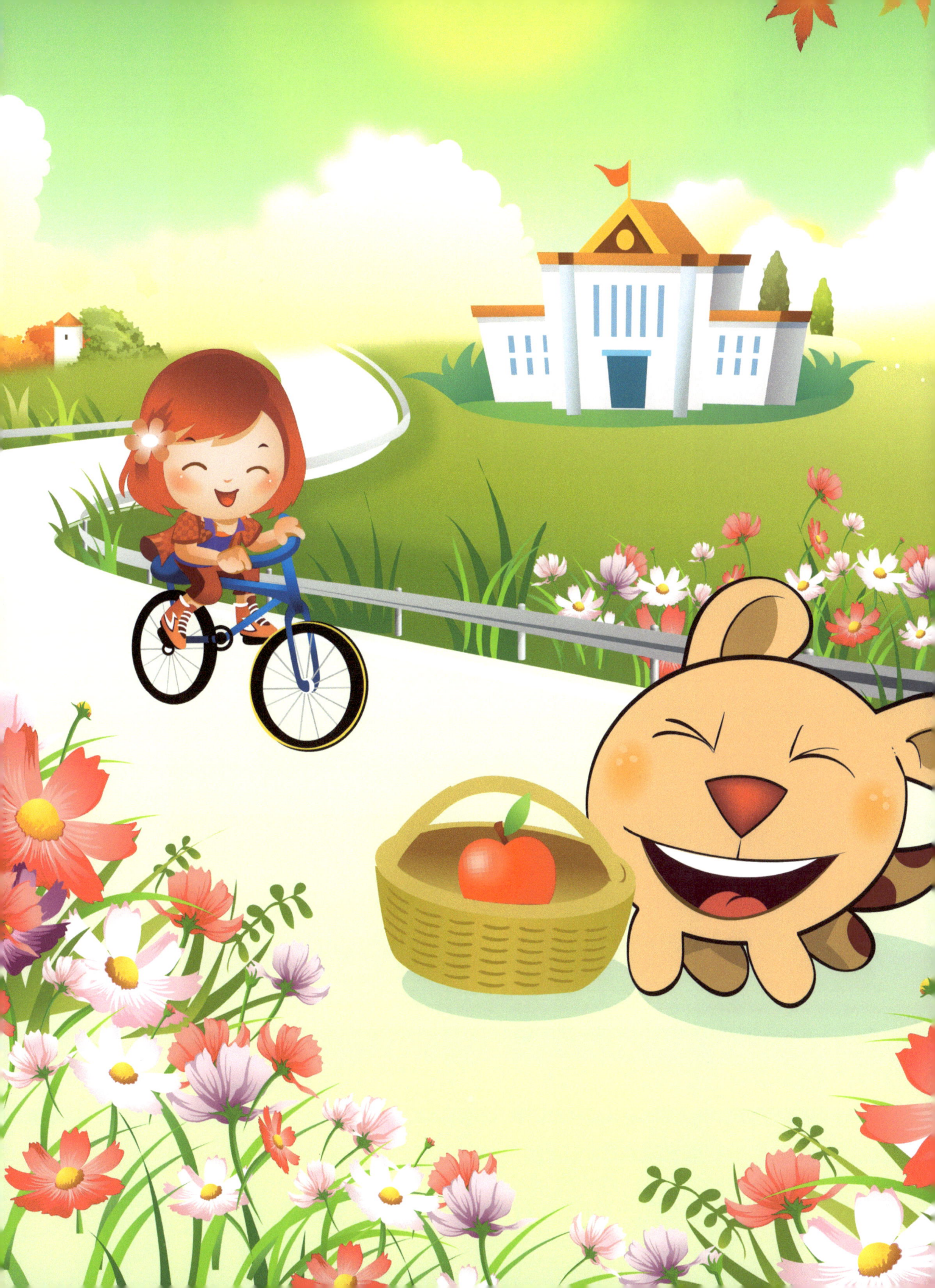

Nosso amigo Agrilinho, que observava tudo do alto da escola, deixou esta recomendação:
– Façam como eu, amigos leitores!
Toda noite, façam a si mesmos estas 3 perguntinhas:
1. O que fiz de certo hoje?
2. O que fiz de errado hoje?
3. Se outro fizesse o que eu fiz de errado, o que eu pensaria?
Assim, vocês se conhecerão melhor, e serão justos e felizes para sempre.
Até a próxima!

 Nuestro amigo Agrillín que observaba todo desde la parte superior del colegio dejó esta recomendación:
- ¡Hagan como yo, lectores amigos!
Todas las noches, háganse estas 3 preguntitas:
1. ¿Qué hice bien hoy?
2. ¿Qué hice mal hoy?
3. Si alguien más hiciera lo que yo hice mal, ¿qué pensaría?
De esa manera se conocerán mejor, y serán justos y felices para siempre.
¡Hasta la próxima!

Our new friend Mr. Cricket, who observed everything from the school's rooftop, left this advice:
"Do as I do, dear readers!
Every night, ask yourself these three questions:
1. What did I do right today?
2. What did I do wrong today?
3. If someone else did what I did, what would I think?
This way, you will get to know yourselves better, and you will be righteous and happy forever.
See you soon!"

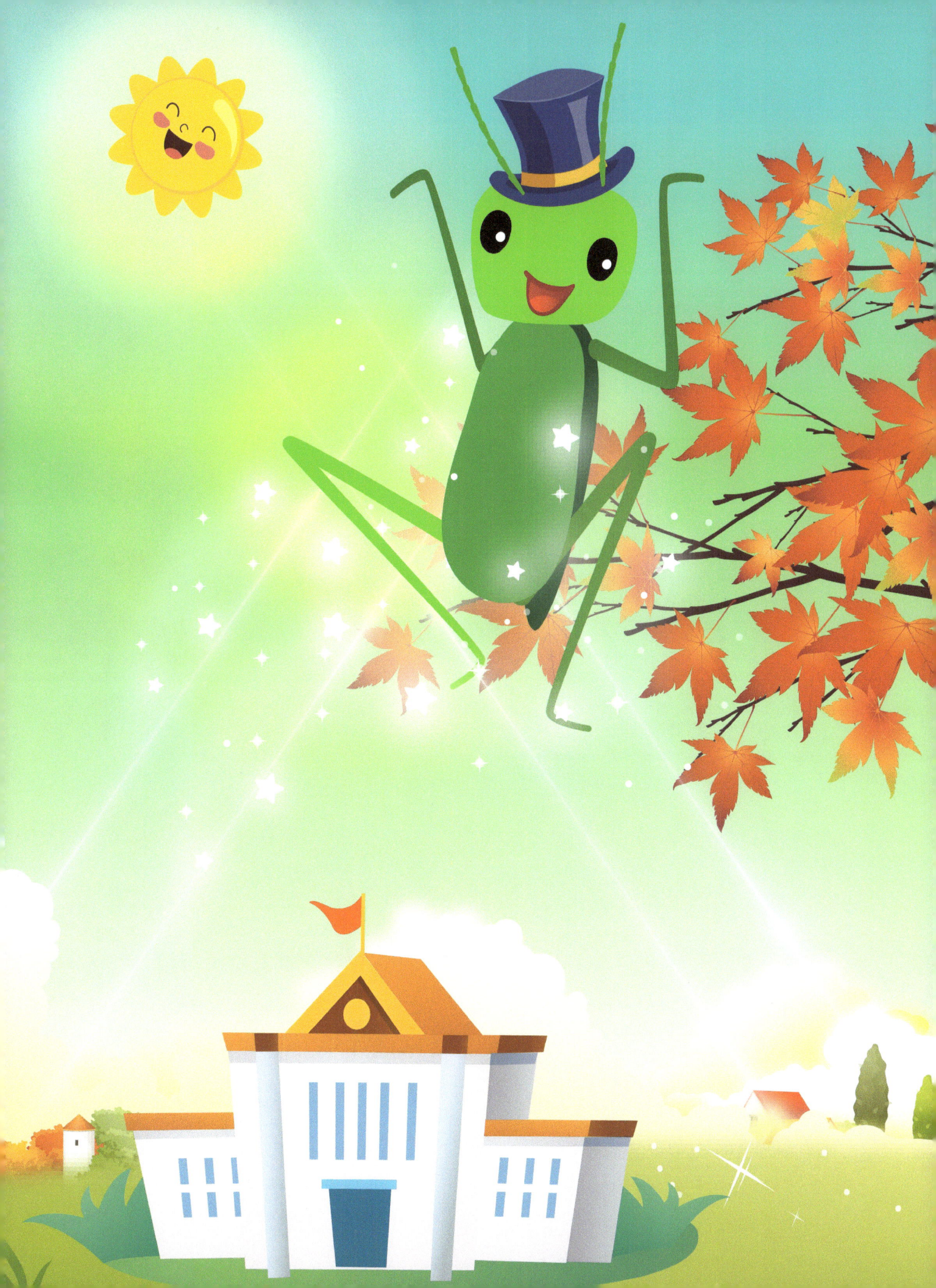

Glossário

Conhecer a si mesmo: descobrir erros e acertos, tentando se corrigir a cada dia.
Gratidão: reconhecer quando alguém nos faz um favor, nos presta ajuda.
Justiça: avaliar o que é certo.

 # Glosario

Conocerse a sí mismo: descubrir errores y aciertos, tratando de corregirse todos los días.
Gratitud: reconocer cuando alguien nos hace un favor, nos presta una ayuda.
Justicia: evaluar lo que es correcto.

Glossary

Know yourself: discovering mistakes and successes, trying to improve yourself every day.
Gratitude: recognizing when someone does you a favor or helps you.
Justice: what is right.

 Mais informações sobre justiça em:
1. *A Bíblia*. O Sermão da Montanha: as Bem-Aventuranças. Mateus 5:3-16.
2. KARDEC, Allan. *O Livro dos Espíritos*. Questão 919.

 Más información sobre justicia en:
1. *La Biblia*. El Sermón del Monte: las Bienaventuranzas. Mateo 5: 3-16.
2. KARDEC, Allan. *El Libro de los Espíritus*. Pregunta 919.

 More information about justice:
1. *The Bible*. The Sermon on the Mount: the Beatitudes. Matthew 5: 3-16.
2. KARDEC, Allan. *The Spirits' Book*. Question 919.

Mais informações sobre o autor:
Más informaciones sobre el autor:
More information about the author:

www.luishu.com

Dados Internacionais de Catalogação na Publicação (CIP)
(Câmara Brasileira do Livro, SP, Brasil)

Hu Rivas, Luis
    Kit Evangelho / Luis Hu Rivas. -- Brasília, DF : Hu Producoes, 2020.

ISBN: 9798503929577

    1. Evangelho - Literatura infantojuvenil
 2. Literatura infantojuvenil I. Rivas, Luis Hu.
 II. Título.

CDD-028.5

Índices para catálogo sistemático:

1. Evangelho : Literatura infantil   028.5
2. Evangelho : Literatura infantojuvenil   028.5

Revisão ao espanhol: Sonia Rivas
Tradução ao inglês: Jussara Korngold
Revisão ao inglês: Lucas Almendra

HU PRODUCOES
TODOS OS DIREITOS RESERVADOS.

IMPRESSO NO BRASIL

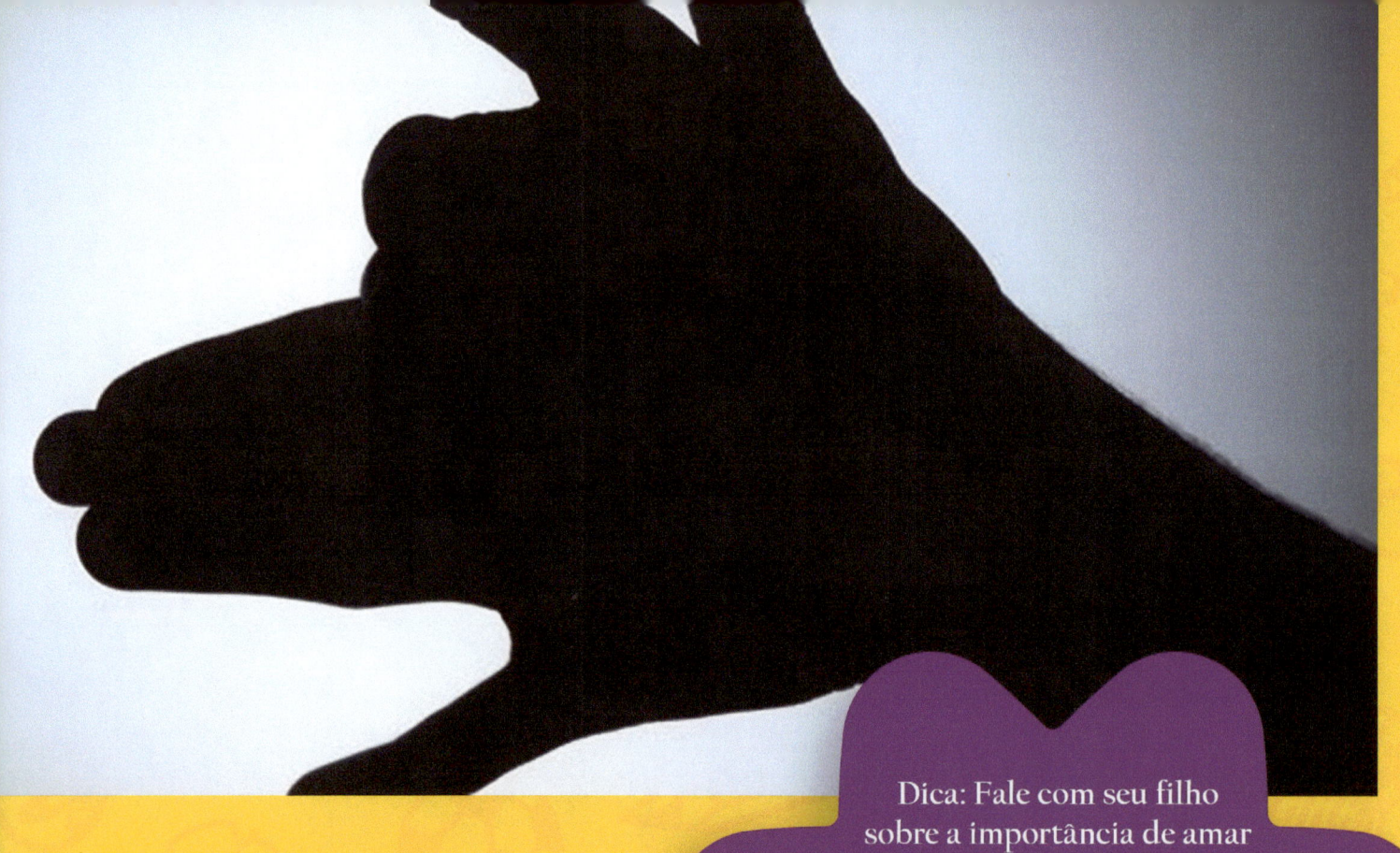

VAMOS BRINCAR DE SOMBRAS COM AS MÃOS?

Criar animais de sombras com as mãos é uma excelente brincadeira para fazer com as crianças.

Dica: Fale com seu filho sobre a importância de amar e cuidar dos animais.

Consejo: Converse con su hijo sobre la importancia del amor y cuidado con los animales.

Tip: Talk to your child about the importance of loving and take care of the animals.

¿VAMOS JUGAR HACER SOMBRAS CON LAS MANOS?

Crear animales de sombra con lass manos es una excelente forma para jugar con los niños.

SHALL WE MAKE SHADOW PUPPETS?

Creating shadow puppets is an excellent game to play with children.

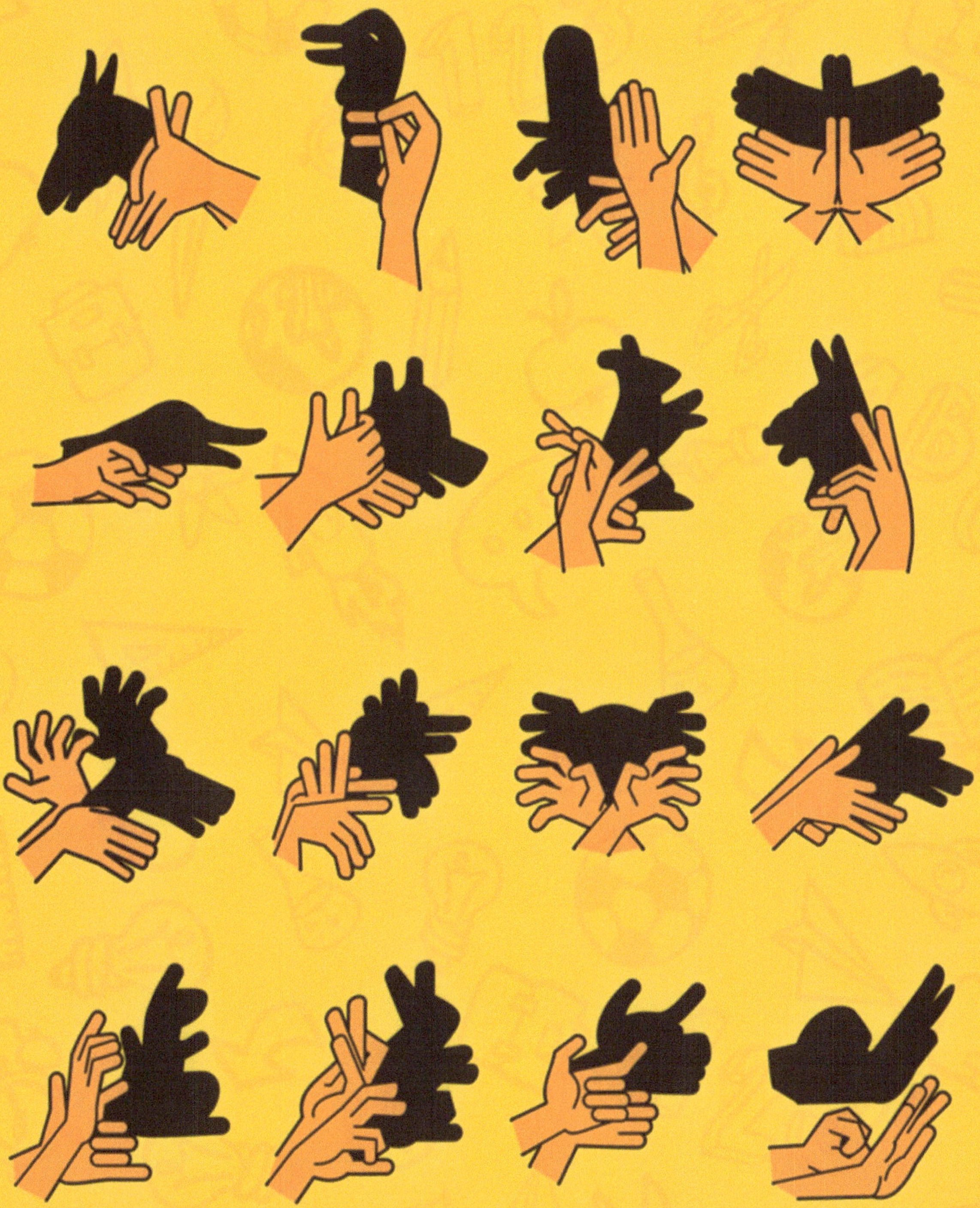

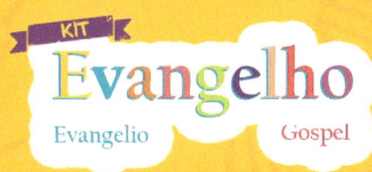
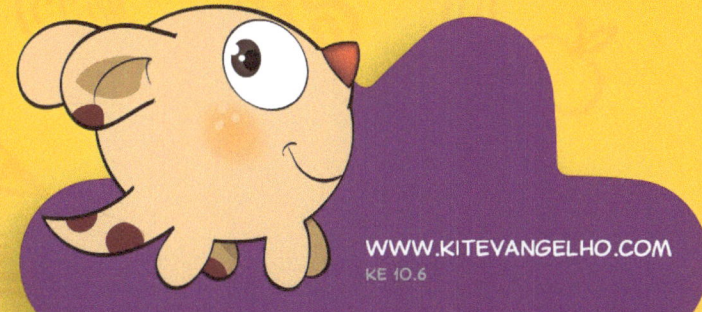

www.kitevangelho.com
KE 10.6

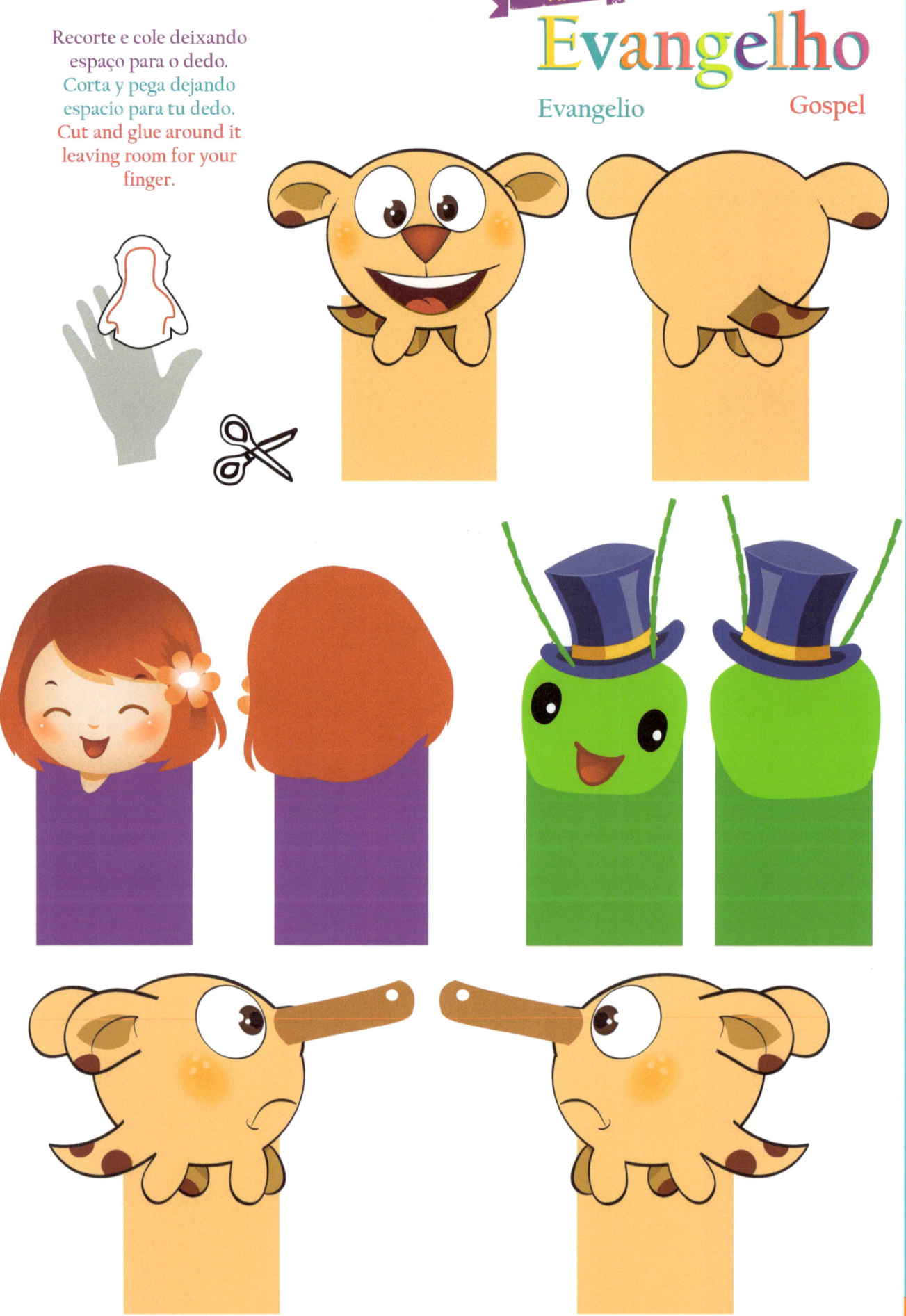

Como conhecer a si mesmo?
¿Cómo conocerte a ti mismo?
How to know yourself?

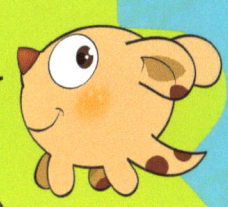

Antes de ir a dormir, preencha os espaços.
Antes de irte a dormir, completa los espacios.
Before going to sleep, fill in the blanks.

1 O QUE FIZ DE CERTO HOJE?
¿QUÉ HICE BIEN HOY?
WHAT DID I DO RIGHT TODAY?

2 O QUE FIZ DE ERRADO HOJE?
¿QUÉ HICE MAL HOY?
WHAT DID I DO WRONG TODAY?

3 SE OUTRO FIZESSE O QUE EU FIZ DE ERRADO, O QUE EU PENSARIA?
SI ALGUIEN MÁS HICIERA LO QUE YO HICE MAL, ¿QUÉ PENSARÍA?
IF SOMEONE ELSE DID WHAT I DID, WHAT WOULD I THINK?

ESCREVA AQUI O QUE VOCÊ PRECISA MELHORAR:
ESCRIBE AQUÍ LO QUE NECESITAS MEJORAR:
WRITE HERE WHAT YOU NEED TO IMPROVE:

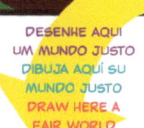

DESENHE AQUI UM MUNDO JUSTO
DIBUJA AQUÍ SU MUNDO JUSTO
DRAW HERE A FAIR WORLD

FIM – FIN – THE END

KIT Evangelho
Evangelio — Gospel

> Conhecer a si mesmo é conhecer erros e acertos.
> Conocerse a sí mismo es descubrir errores y aciertos.
> To know yourself is to be aware of your errors and successes.

Qual será o nome do amigo de Lupi?
¿Cómo se llama el amigo de Lupi?
What's the name of Lupi's friend?

Colorir - Colorear - Color

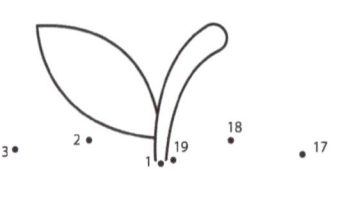

Nome:
Nombre:
Name:

Copie o desenho - Copia el dibujo - Copy the picture.

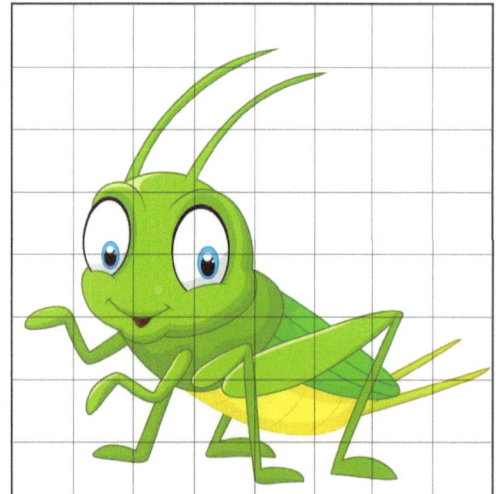

WWW.KITEVANGELHO.COM
KE 10.1

Caça-palavras - Pupiletras - Word search

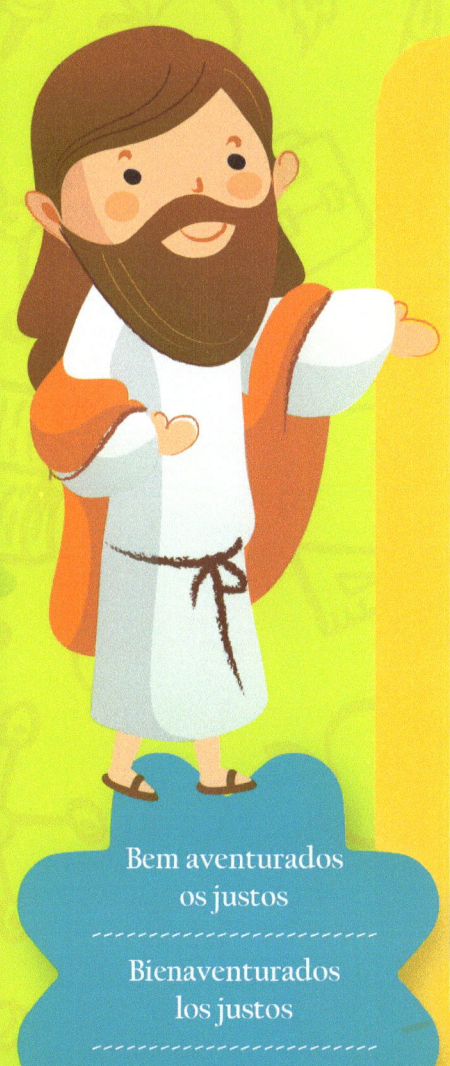

```
O T N E I M I C O N O C
D B A R P V F A D E A K
U O M N E O L U C A D N
T A A I C I T S U J I O
I Y R R I U R P U S T W
T J U S T I C A T S A L
A A U R S I E D R I R E
R T E D U T I T A R G D
G O T U J N G E N C T G
O M A E M O T A T O H E
C O N H E C I M E N T O
```

Bem aventurados os justos

Bienaventurados los justos

Blessed are the righteous

🇧🇷 JUSTIÇA GRATIDÃO CONHECIMENTO

🇪🇸 JUSTICIA GRATITUD CONOCIMIENTO

🇺🇸 JUSTICE GRATITUDE KNOWLEDGE

Devemos amar e cuidar de toda a natureza.
Debemos amar y cuidar de toda la naturaleza.
We must love and take care of all nature.

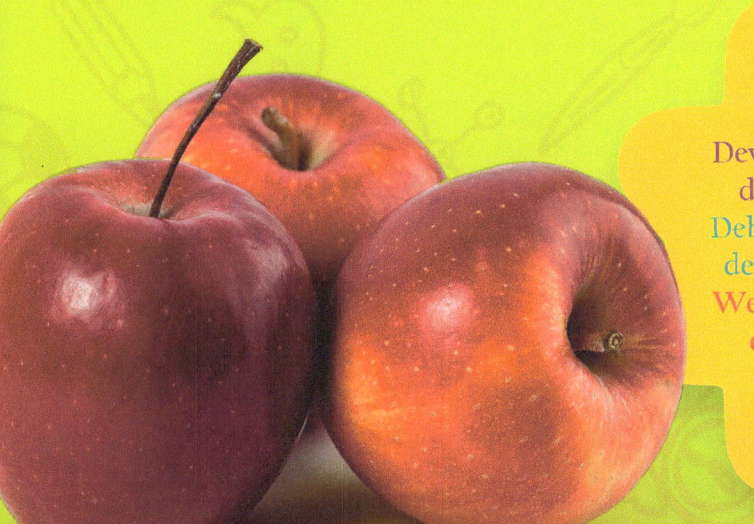

KIT Evangelho
Evangelio — Gospel

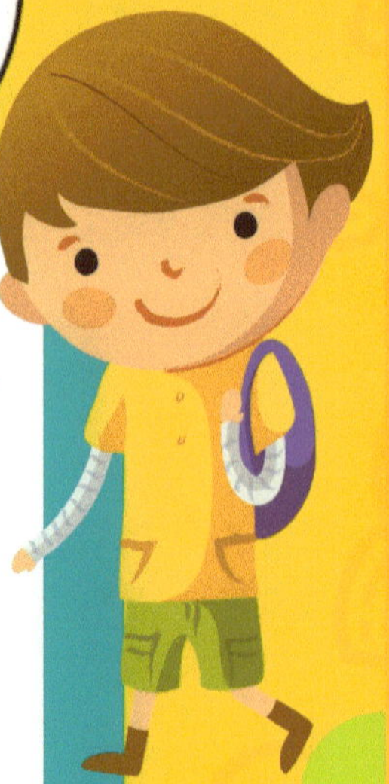

> Devemos nos corrigir a cada dia.
> Debemos corregirnos todos los días.
> we should improve ourselves every day.

Colorir - Colorear - Coloring

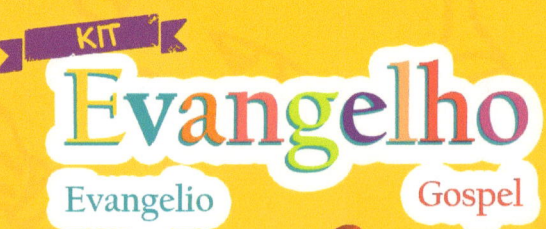

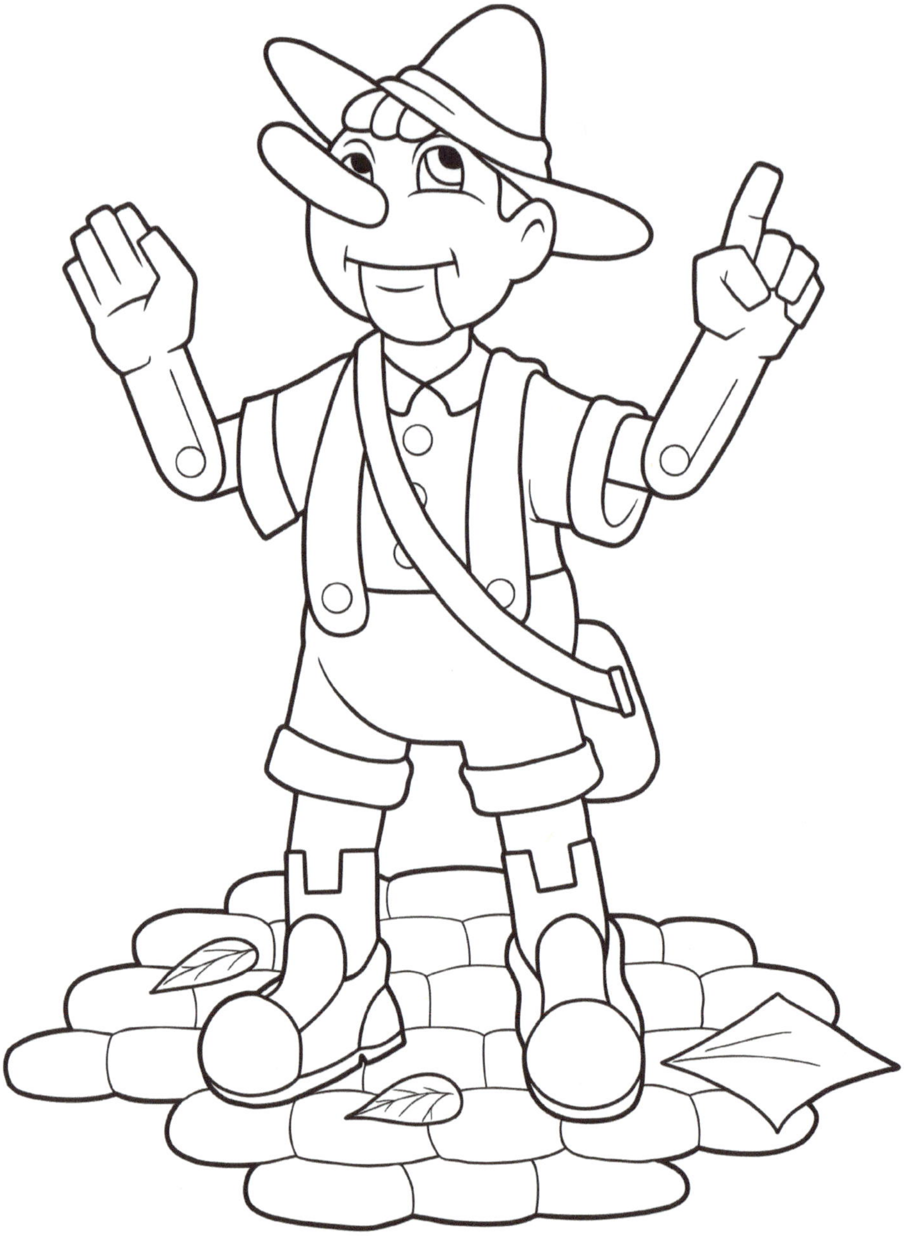

WWW.KITEVANGELHO.COM
KE 10.4

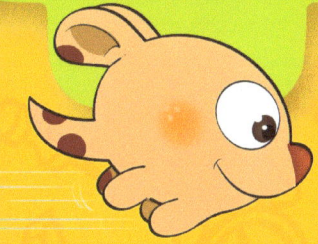

Quantas maçãs você consegue achar?
¿Cuántas manzanas puedes encontrar?
How many apples can you find?

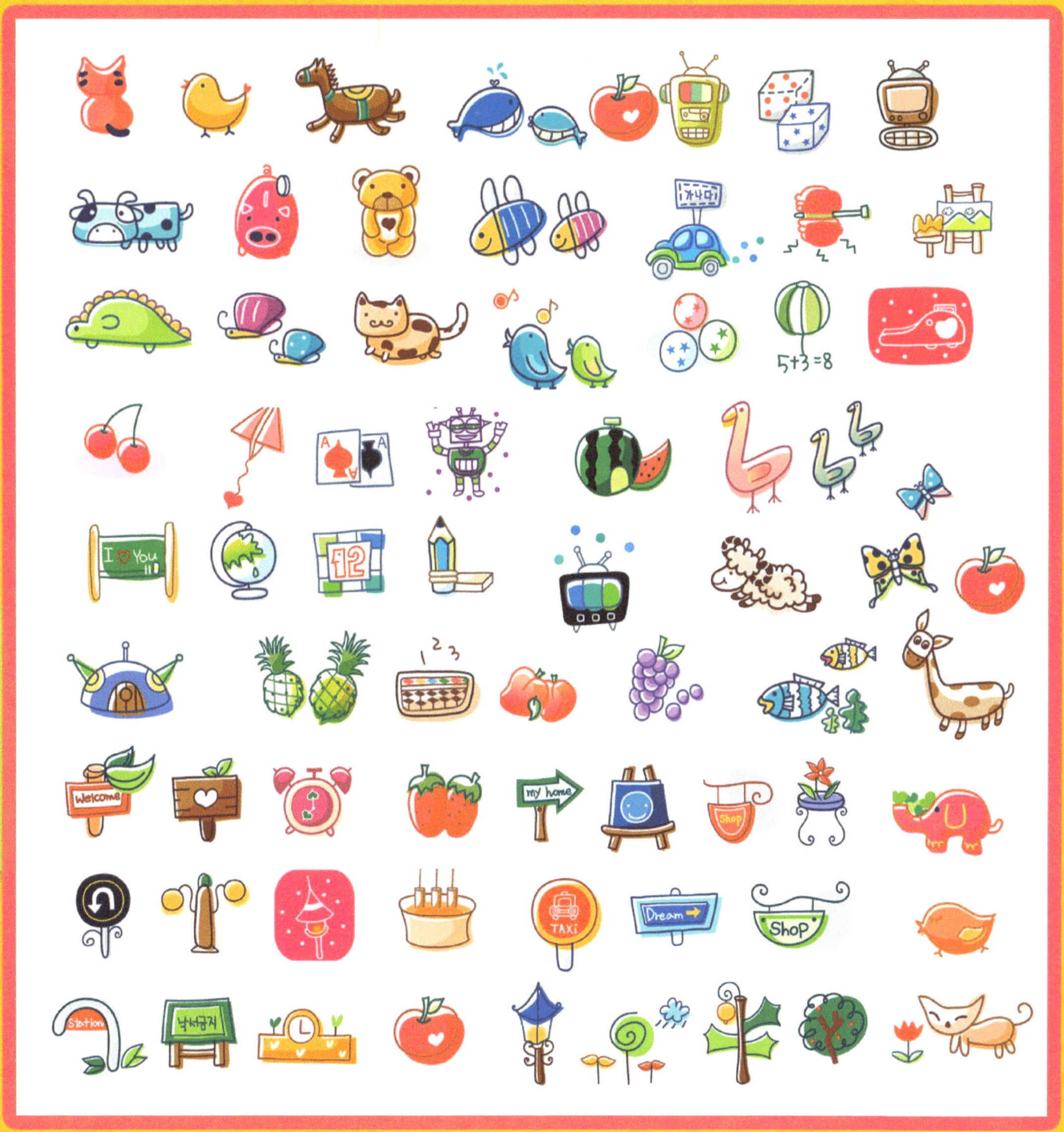

Encontre a sombra certa - Juego de las sombras - Shadow Matching Game

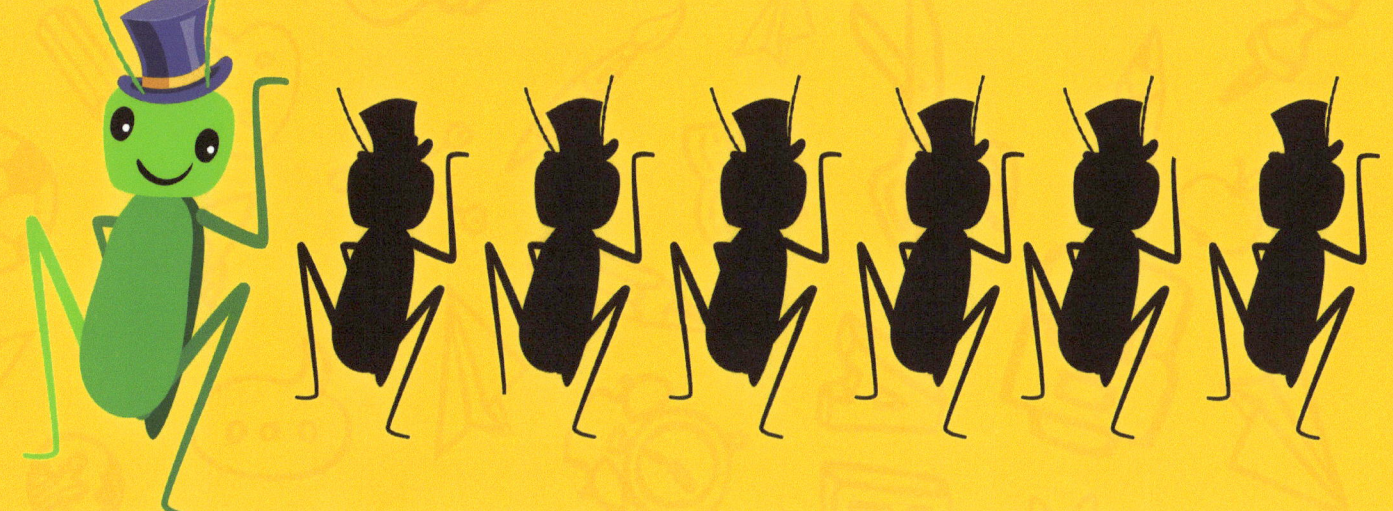

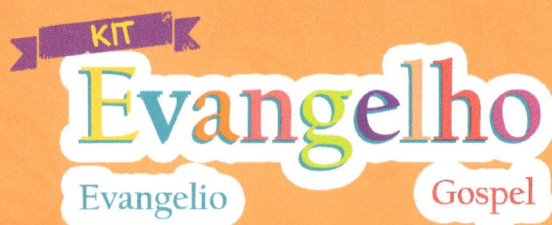
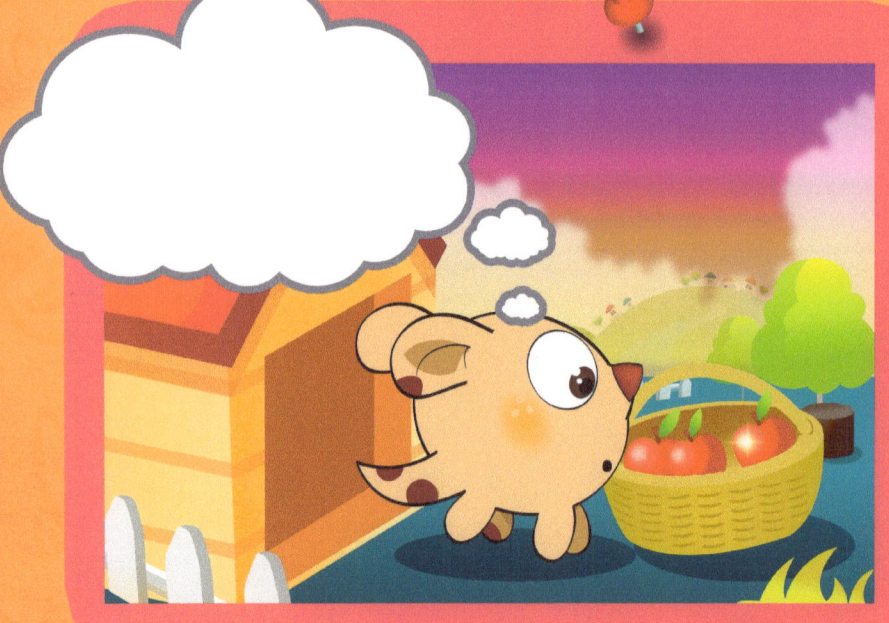
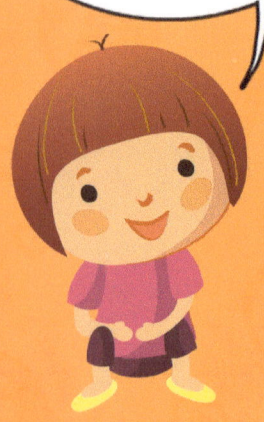
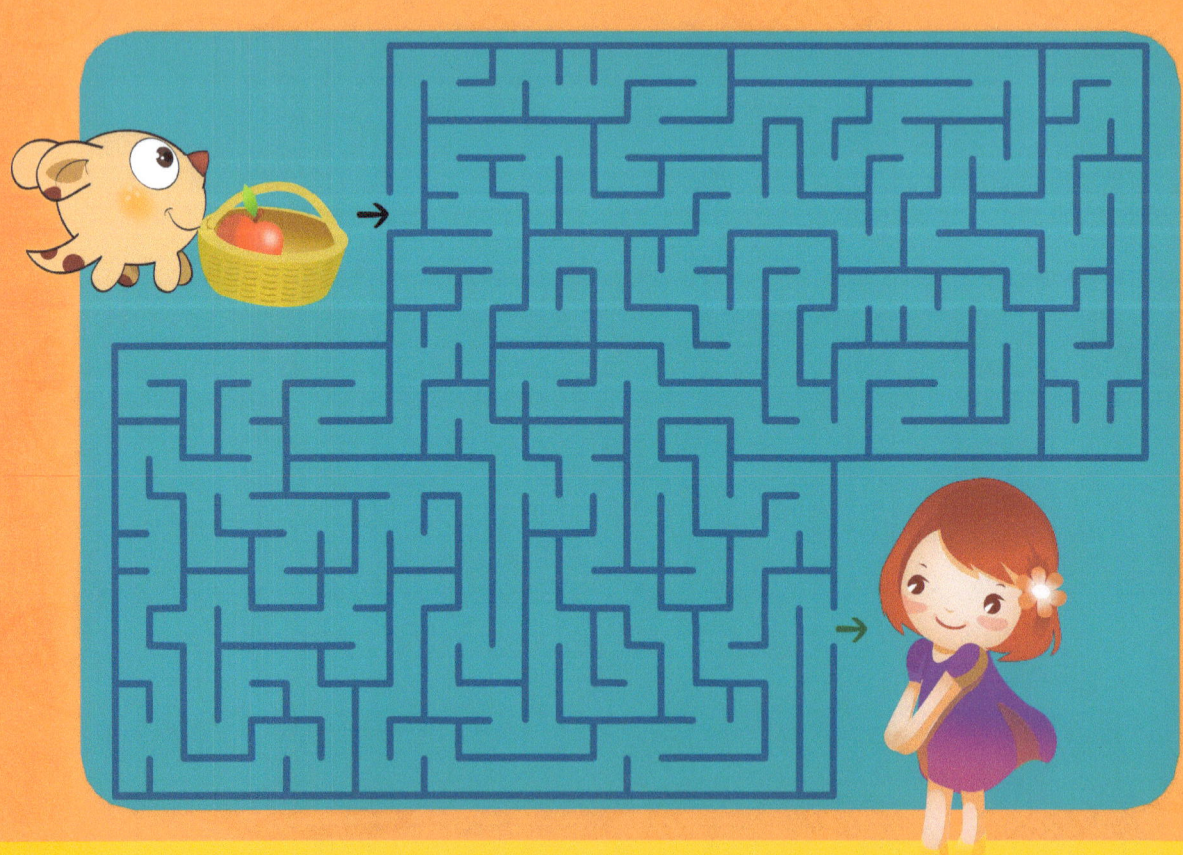

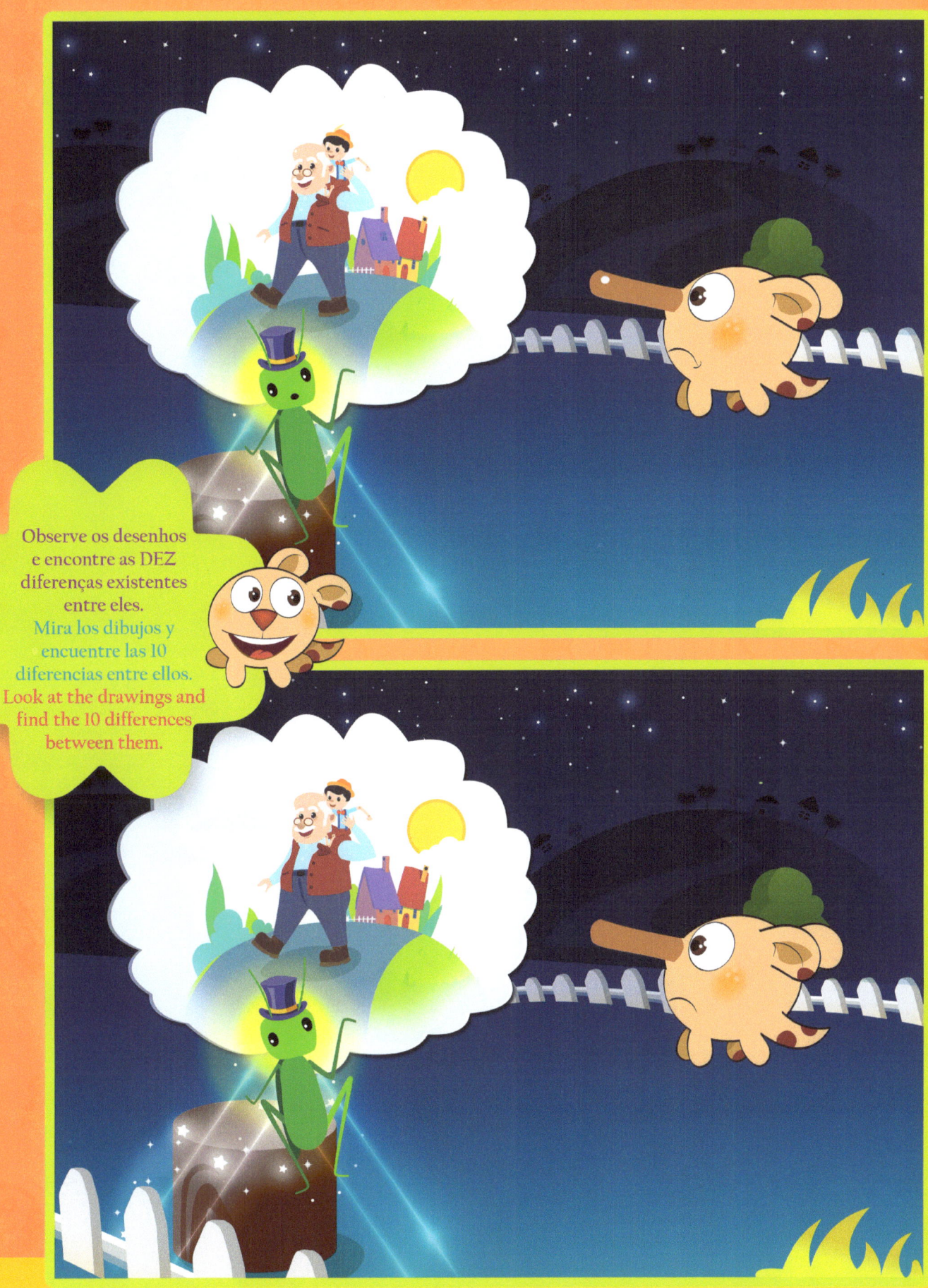

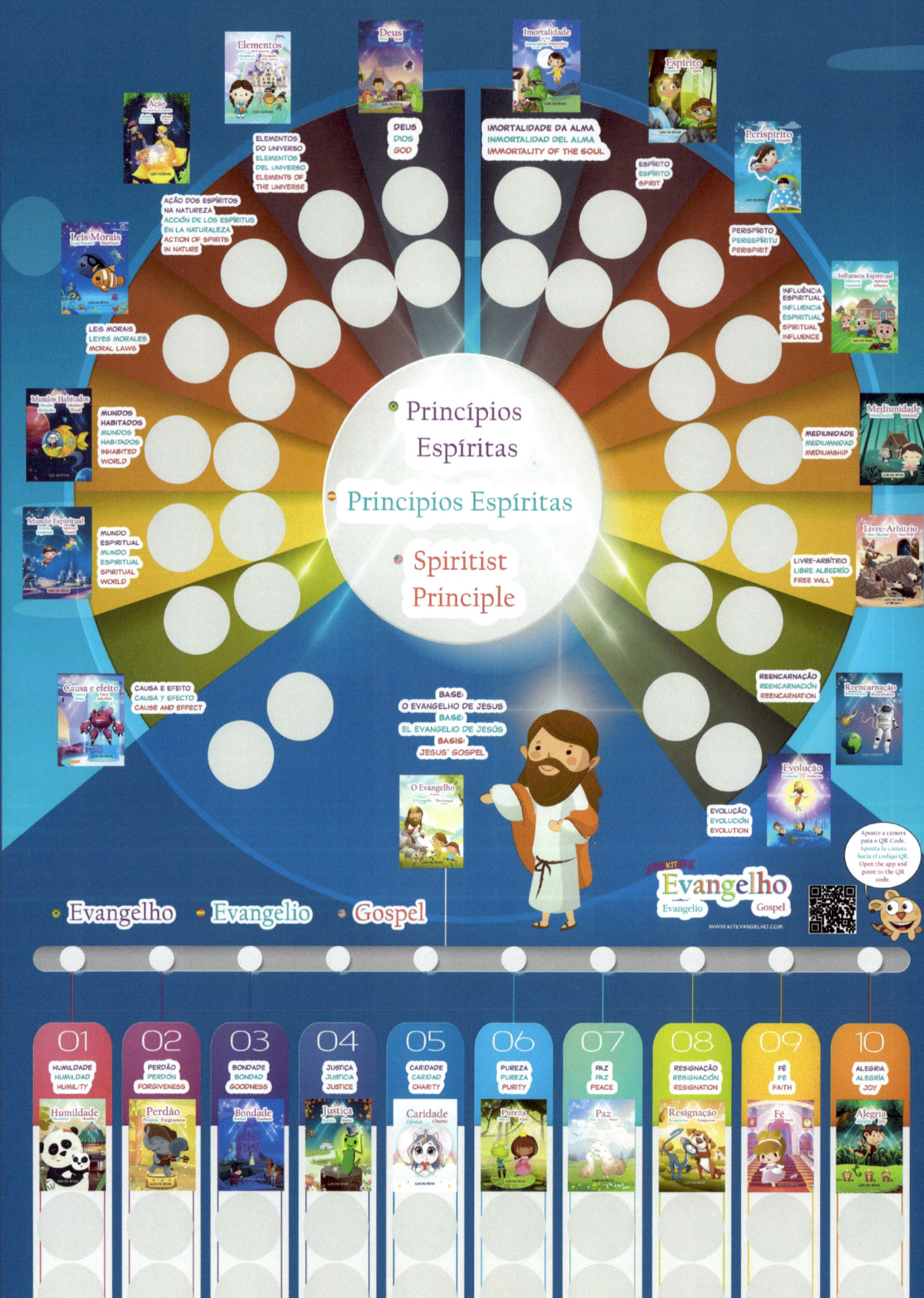

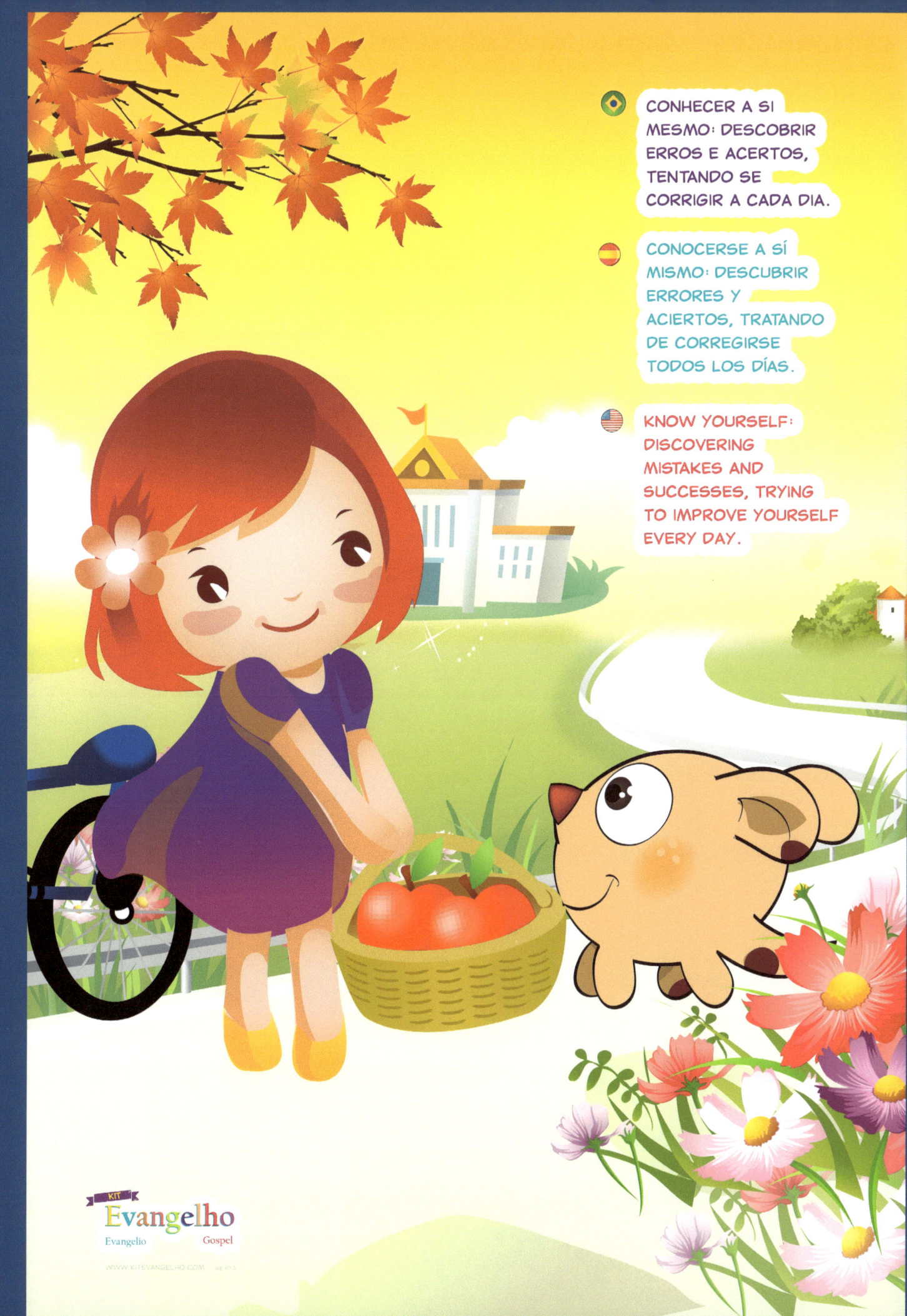

Complete sua coleção / Completa tu colección

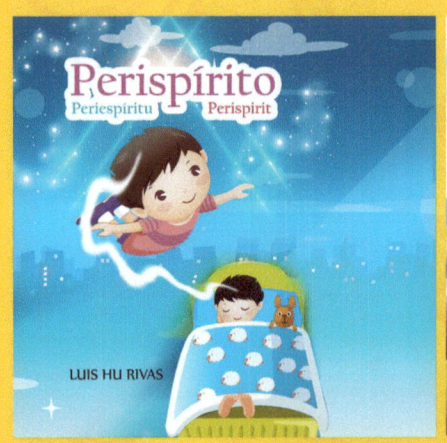
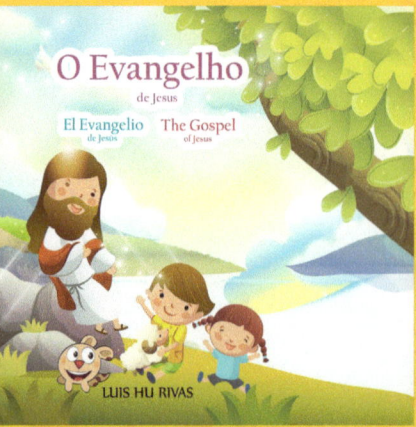
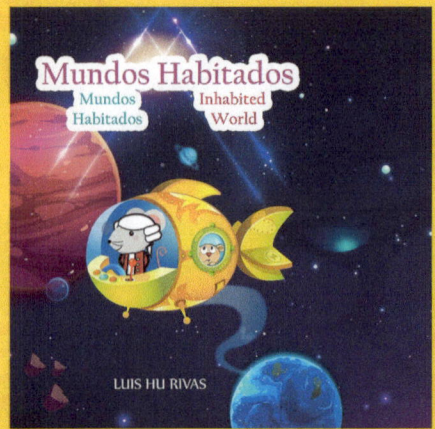
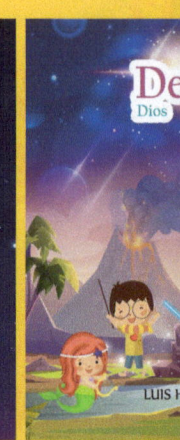
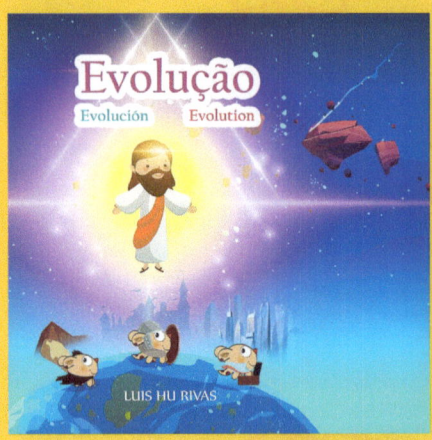
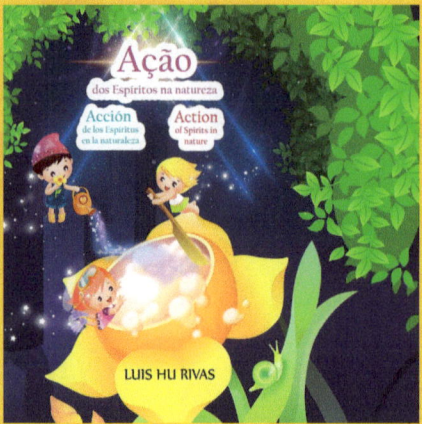
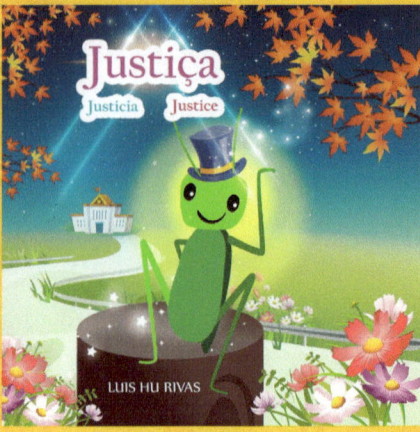
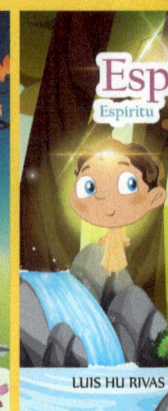
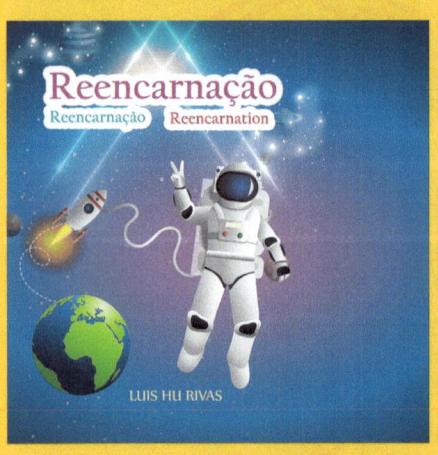
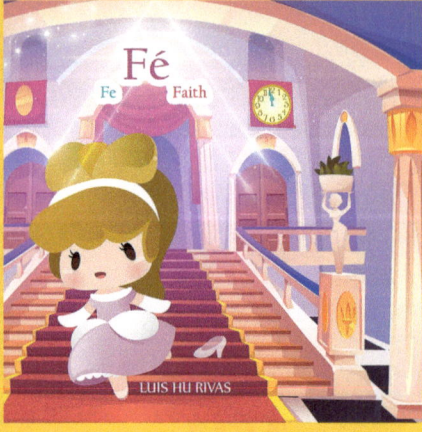
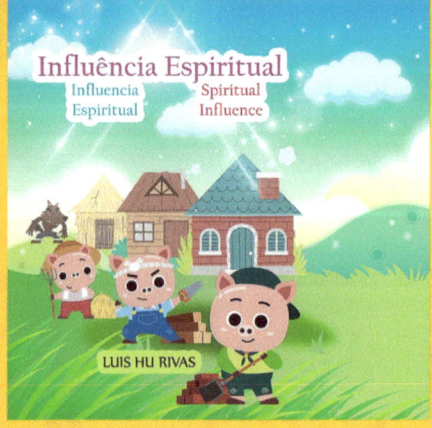
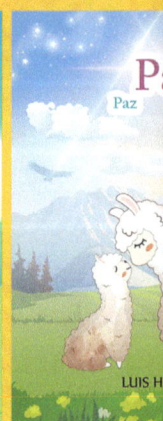
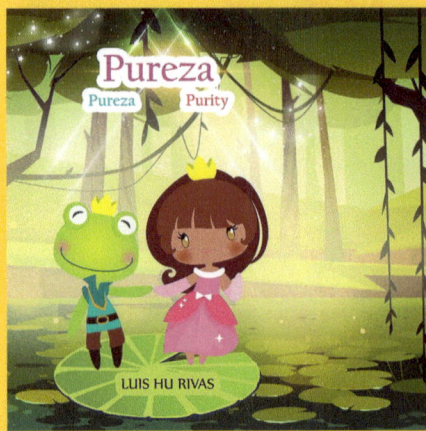
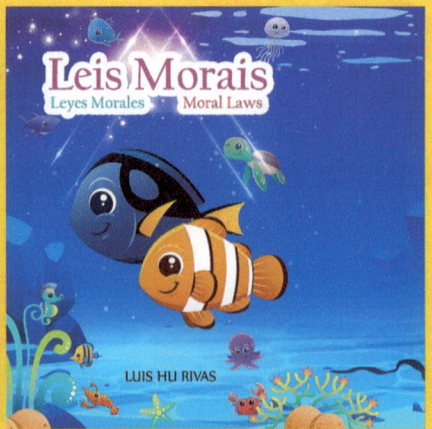
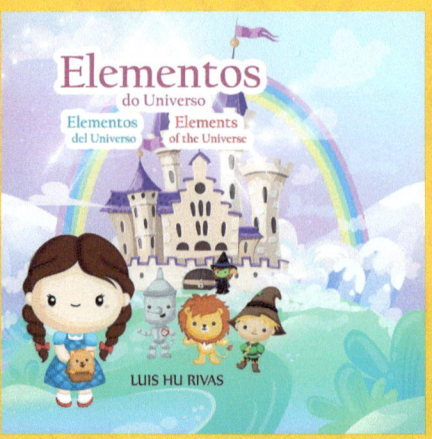
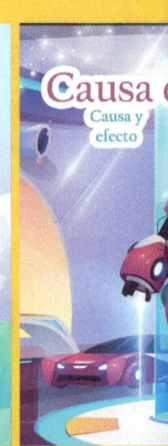

Complete your collection

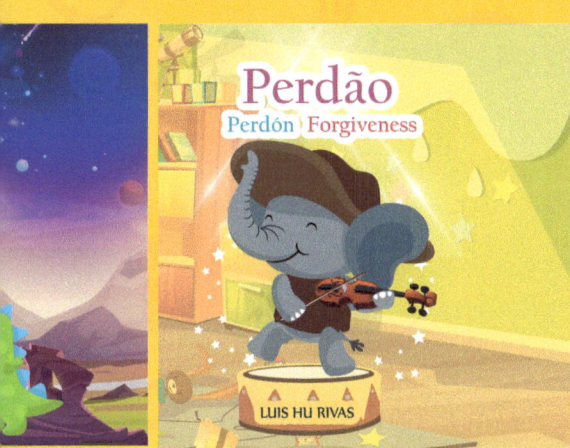
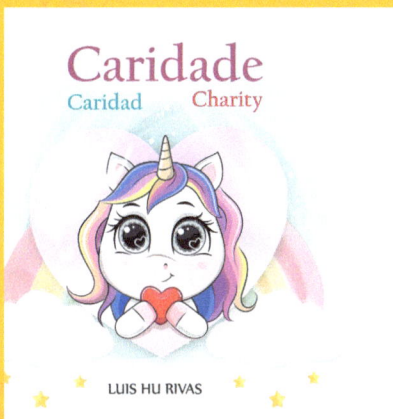
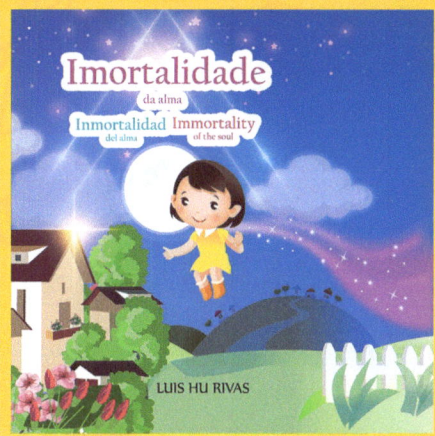
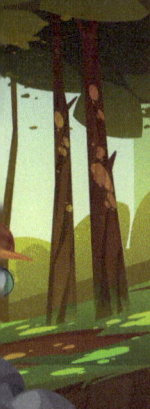
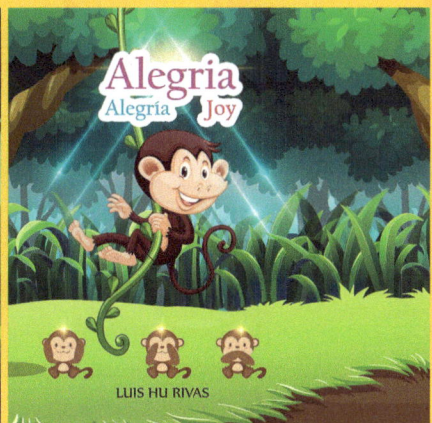
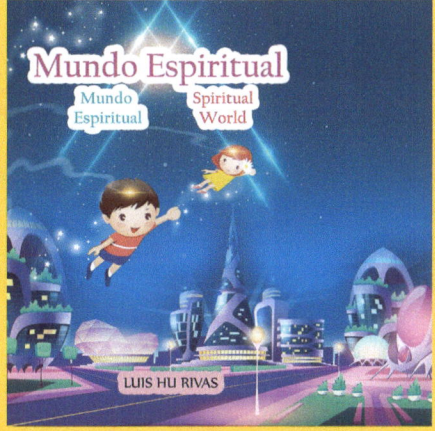
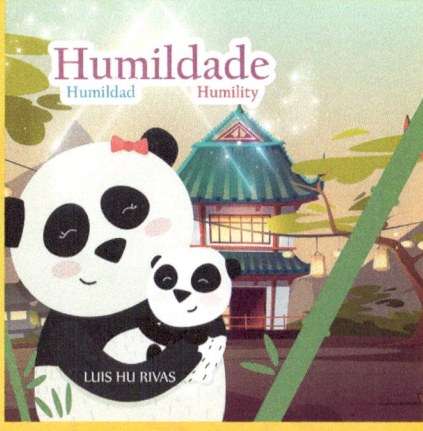
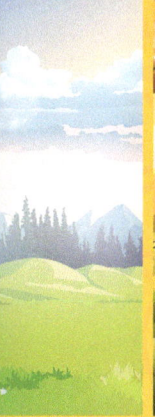
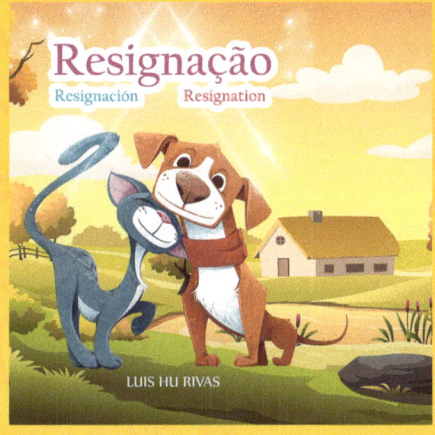
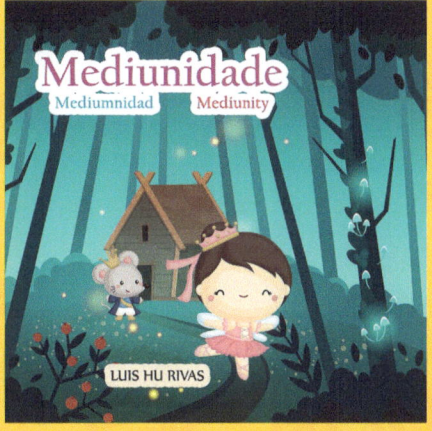
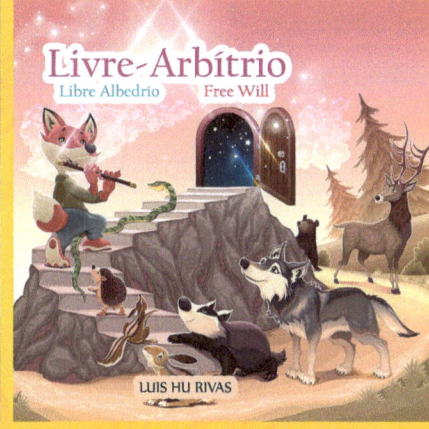
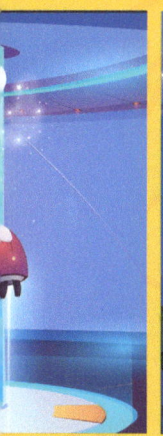
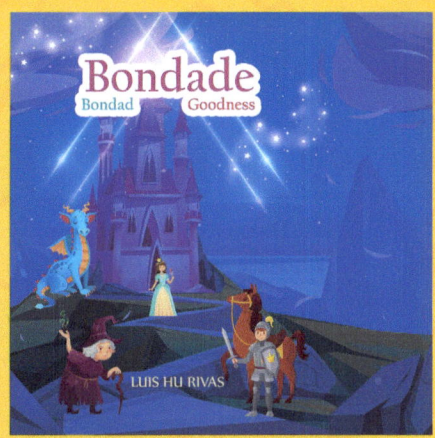

🇧🇷 Vamos conhecer ensinamentos de luz que trazem paz e felicidade aos nossos corações.

🇪🇸 Vamos a conocer enseñanzas de luz que traen paz y felicidad a nuestros corazones.

🇺🇸 Let's get to know enlightening teachings that bring peace and happiness to our hearts.

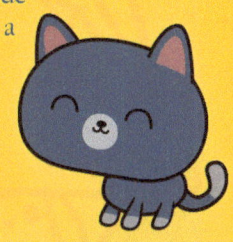

Ao lado de um simpático grilo, você vai se divertir para valer!
Embarque em uma emocionante história ilustrada, com muitos ensinamentos luminosos.
Usando sua imaginação, você vai descobrir respostas a perguntas como:
Qual decisão devemos tomar quando temos dúvidas? Como saber o que é o certo? Como ter o coração em paz e sermos felizes? O que é a justiça?

¡Junto a un simpático grillo, te divertirás mucho!
Embárcate en una emocionante historia ilustrada, con muchas enseñanzas luminosas.
Usando tu imaginación, descubrirás respuestas a preguntas como:
¿Qué decisión debemos tomar cuando tenemos dudas? ¿Cómo saber lo que es correcto? ¿Cómo podemos tener el corazón en paz y ser felices? ¿Qué es la justicia?

Come and join us on this incredible adventure with a nice cricket. It will be really fun! Join us on an exciting illustrated story, with many inspiring teachings.
With this reading you will also find answers to questions such as:
How can we decide when we have doubts?
How can we be sure about what is right?
How can we maintain peace and happiness within our hearts? What is justice?

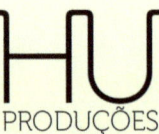